군중 속에서 유령처럼 나타나는 이 얼굴들,
까맣게 젖은 나뭇가지 위의 꽃잎들.

The apparitions of these faces in the crowd;
Petals on a wet, black bough.

— 에즈라 파운드, 「지하철 정거장에서」(『지하철 정거장에서』, 민음사, 1995)

인천문학답사 ❶

〈철도원 삼대〉와
인천 걷기

도서출판
다인아트

책머리에

백여 년 전 등장한 철도는 우리 삶을 크게 바꿔놓았다. 그 시작은 경인철도였다.

『철도원 삼대』는 근대의 표상 철도를 중심으로 인천과 영등포를 역사적 장소로 소환한다. 600쪽 넘는 대서사에서 인천은 노동운동의 중심지로 그려지며, 신문물로 넘쳐나는 핫플레이스로도 소개된다. 복잡한 도시, 방대한 역사를 다양한 사람들의 삶을 통해 그린 스케일 큰 소설이다.

등장인물들의 발자취를 따라가다 보면 과거와 현재의 궤도에 우리의 미래를 투영해볼 수 있다. 현재 거꾸로 돌아가는 시계를 보면서 백년의 역사 속으로 들어가 더 나은 미래로 걸어나올 수 있도록 『철도원 삼대』와 함께하는 답사 책을 기획했다.

책은 총 3부로 구성하고 부록을 더했다. 1부는 지도를 품은 답사 코스로 채웠고 경인철도를 기준으로 인천의 장소를 1, 2코스로 나누었다. 여기에 서울 답사코스와 지금은 갈 수 없지만 서울에서 신의주로 이어지는 경의선 코스를 추가했다. 답사 코스 중간에 '기차를 노래한 시편'들도 넣었다. 2부에는 『철도원 삼대』를 문학사적 관점과 신화적 관점에서 쓴 두 편의 글을 실었다. 특별히 3부에서는 황석영 작가와 최원식 문학평론가의 귀한 대담(인천문화재단 한국근대문학관 주최 북 콘서트, 2021.12.3)을 실었다. 부록에는 내용 이해를 도울 철도원삼대 가계도를 넣고 근대의 풍속과 관련된 문장을 작품에서 뽑아 수록했다. 사용을 허락해 준 황석영 작가와 창비 출판사에 깊은 감사를 드린다. 또 감수를 맡아주신 김창수 문학평론가, 사진과 시 게재를 허락해 주신 작가들과 관련 출판사들, 기관들, 사료 확인과 자료 검증에 도움을 주신 분들에게도 이 자리를 빌어 감사드린다. 끝으로 인천에서 꿋꿋하게 책을 만드는 도서출판 다인아트 윤미경 대표와 장윤미 편집 실장에게 고마움을 전한다. 이 책을 펼쳐 들고 인천을 답사할 미래의 독자에게도 미리 인사를 전한다.

— 이설야, 김경은

차례

책머리에 이설야 김경은 ·················· 4

1부 『철도원 삼대』와 청춘 랑데부 김경은 남지현 이설야 장회숙
(1) 인천 답사 1코스_경인철도 기공지와 배다리 일대 ············· 10
(2) 인천 답사 2코스_경인철도 시발역과 개항장 일대 ············ 24
(3) 서울 답사 코스_철도원 가족의 정착지, 영등포 일대 ········ 34
(4) 경의선 이송 작전_인천-의주-서울 ·················· 42

2부 철도원 삼대 를 말하다
(1) 황석영의『철도원 삼대』에 대하여 조성면 ················· 52
(2) 철도원 삼대, '버드낭구집' 이야기 김경은 ·················· 81

3부 특별 대담 : 황석영 작가와 함께하는 북 콘서트
『철도원 삼대』가 성취한 민담적 리얼리즘의 세계 최원식 ········· 111

부록
(1) 철도원 삼대 가계도 김경은 ·················· 148
(2)『철도원 삼대』에서 그린 근대의 풍속 이설야 ············ 150

1부

『철도원 삼대』와 청춘 랑데부

_김경은, 남지현, 이설야, 장회숙

인천 답사 1코스 **경인철도 기공지와 배다리 일대**
인천 답사 2코스 **경인철도 시발역과 개항장 일대**
서울 답사 코스 **철도원 가족의 정착지, 영등포 일대**
경의선 이송 작전 **인천-의주-서울**

인천 답사 1코스

- ⑧ 동양방적 (현 동일방직)
- ⑦ 공작창 터 (현 동부센트레빌아파트 일대)
- Ⓑ 노다장유주식회사 터 (현 삼익아파트 일대)
- Ⓕ 송림산 언덕배기
- 인천역
- 동인천역
- Ⓐ 조선인촌주식회사 터 (현 배다리성냥마을박물관 부근)
- ⑤ 배다리사거리 (현 헌책방 골목 입구)
- Ⓓ 배다리 마을 일대
- ③ 쇠뿔고개 일대
- ⑥ 근업소 터
- Ⓒ 인천 3·1운동 발상지 (현 창영초등학교 일대)
- 도원역
- ④ 창영정 감리교회 산책길
- Ⓔ 마루보시 사택
- ② 알렌 별장 터
- ① 경인철도 기공지 기념비

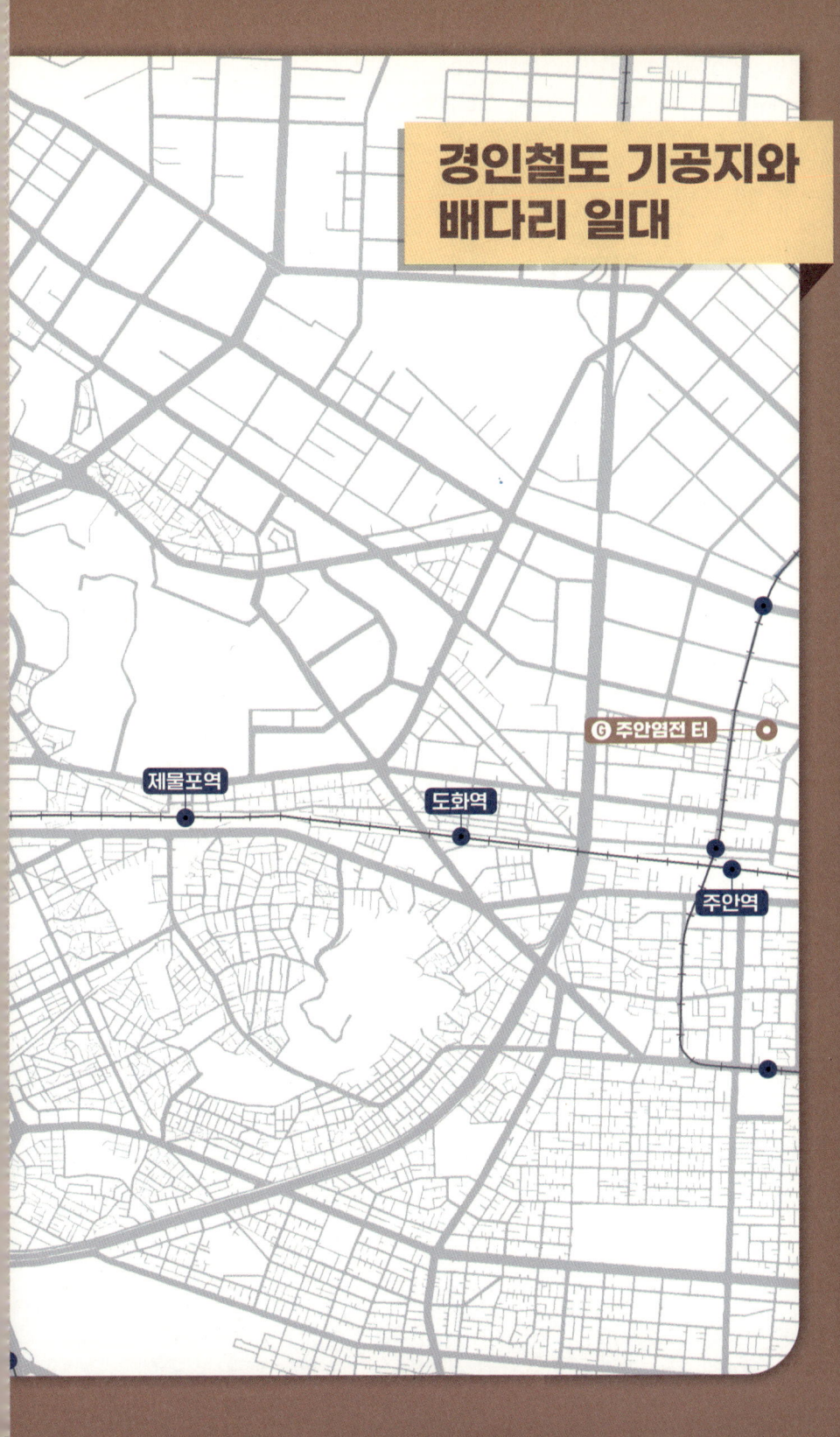

인천 답사 1코스

1코스 일러두기

『철도원 삼대』에서 경인철도는 서사의 줄기를 형성한다. '근대 최초'라는 타이틀을 달고 각종 문물이 인천에 도착했고 이를 서울로 실어나를 철로가 인천에 건설되었다. 철도를 모티프로 한 작품이므로 우리나라 최초의 철도 기공지를 답사의 출발점으로 삼는다.

하역 일자리가 부두에 만들어졌고 인천항 주위로 공장들이 들어섰으며 전국에서 인천으로 노동자들이 몰려들었다. 일본 식민세력에 대항할 조직을 만들고자 활동가들도 인천으로 스며들었는데 작품에 등장하는 활동가 김근식은 한국 근대노동운동사에서 빼놓을 수 없는 인물, 김삼룡을 연상시킨다. 김근식은 독서회와 친목 모임을 통해 동양방적과 정미소, 인천부두, 인천철공소의 노동자들을 조직했다. 그는 '배다리사거리를 지나 공장이 늘어선 곳'에 살았고 부두에서 동양방적이 있는 만석동까지 노동자들이 집중된 지역에서 활동했다.

경인철도 기공지와 배다리 일대

　영등포 철도공작창 파업에 동참했다가 해고된 뒤 철공소에 취직한 이이철은 활동가로 성장했다. 밀정이 놓은 덫에 걸린 그가 형을 사는 동안 갓난쟁이 아들은 죽고 아지트부부이던 한여옥은 중국 연안으로 떠났다. 이이철은 감시망을 피해 서울을 떠났고 인천철공소에 취직해 기숙사생활을 했다. 창영정으로 거처를 옮겼고 조직활동의 비중이 높아지자 박헌영의 지도하에 기관지를 제작했다.
　활동가들을 잡기 위해 최달영(야마시타)은 서울에서 인천까지 와서 암약했고 이이철과 독서회 모임을 함께 했던 박선옥을 주시한다. 박선옥은 주로 이이철에게 조직의 지시사항을 전달하던 연락책이었다. 이이철이 검거되던 날도 박선옥은 "배다리사거리를 지나 창영정 감리교회 뒷산 산책로를 배회"하며 혹시 붙었을지 모를 미행을 따돌리려 했지만 실패했다.

인천 답사 1코스

❶ 경인철도 기공지 (한국철도 최초 기공지) 기념비
[현 도원역 1번출구 근처]

한국 철도 최초의 노선으로 1897년 쇠뿔고개(우각현)에서 열린 '경인선 철도 기공식'을 기념하는 표지석이다. 현재는 도원역 옆에 있으나 원래 위치는 동쪽으로 400여m 떨어진 석정로 삼거리 부근에 있었다.

한국철도 최초기공지 기념비 ⓒ장회숙

한국철도 최초기공지 (출처: 한국철도공사)

한국철도 최초기공지 부근 석정로 삼거리(2022년) ⓒ이설야

경인철도 기공지와 배다리 일대

❷ 알렌 별장 터 (현 도원역 근처)

별장주인 알렌은 의료 선교사로 들어와 최초의 근대식 병원 광혜원을 건립했다. 경인철도를 미국인 모스가 수주하도록 힘썼고, 이후 별장 중심으로 경인철도 노선이 정해지고 우각역이 생겼지만 알렌이 본국으로 돌아간 후에는 폐쇄되었다.

알렌 별장 ⓒ버튼 홈스

전도관 터(알렌 별장 터) 철거 후 아파트 공사중 ⓒ이설야

❸ 쇠뿔고개 일대

쇠뿔고개가 있는 창영동과 숭의동 일대에는 조선인 노동자들이 많이 살았다. 작품에는 이이철이 거주하면서 박헌영과 기관지를 발간하던 집이 있던 곳으로 나온다.

전도관이 보이는 쇠뿔고개 일대(2009년)
ⓒ 조오다

❹ 창영정 감리교회 산책길 (현 창영감리교회 뒷길)

창영정에 있는 감리교회는 영화유치원에서 1937년 내리교회 출신 신자 93명이 창립예배를 보면서 시작되었다. 박선옥이 경찰의 감시망을 피해 이이철을 만난 곳이다.

창영정 감리교회 산책길(2022년) ⓒ 김경은

경인철도 기공지와 배다리 일대

❺ 배다리사거리 [현 헌책방 골목 입구]

박선옥은 이이철을 만나러 갈 때 배다리사거리를 지나 창영정 감리교회 산책길로 갔다.

배다리시장(1948년) ⓒ Norb-Faye

배다리시장(1948년) ⓒ Norb-Faye

❻ 근업소 터 [현 중구 율목동 55]

일본인이 경영하는 곡물협회와 함께 인천지역 미곡무역을 주도한 조선인 중개사업소이며 율목동에 있었다. 율목동은 조선인 부자들이 모여 살던 동네로 정미소 경리를 거쳐 미곡 도매상이 된 이십만의 집도 이곳에 있었다. 조카 이일철은 월북하기 전 그의 집에서 하루 묵었다. 기관지를 만들기 위해 인천으로 내려온 박헌영은 율목동 새말의 반찬가게에 세들어 살았다.

근업소(최성연, 『개항과 양관역정』)

인천 답사 1코스

❼ 공작창 터 (현 송현 동부센트레빌 아파트 일대)

기차를 제작하던 일본차량제조주식회사 인천공장으로 1937년 화촌포 매립지에 들어서서 차체 조립을 시작한다. 인천상업학교장을 역임한 무카이사이이치向井最一, 친일사업가 김윤복과 함께 매립을 추진한 요시다히데지로吉田秀次郞는 당시 인천상업회의소 회장으로 인천에서 각종 사업을 벌인 유지였다. 『철도원 삼대』에서 이백만이 어시장에서 만나고 따라가는 정미소 사장 '요시다'는 그를 연상시킨다. 매립 이익금 사회환원을 약속한 이들은 공작창 옆에 송현사립보통학교(현 송현초등학교)도 함께 지었다.

인천 동구 송현동 66번지에 위치했다고 알려져 있으며 폐창 이후에는 아파트가 들어섰다.

1970년 인천공작창(출처: 국가기록원)

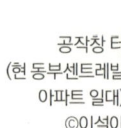

공작창 터
(현 동부센트레빌
아파트 일대)
ⓒ이설야

❽ 동양방적(현 만석동 동일방직)

1934년 공장을 가동하기 전에 대대적으로 직공을 모집했다. 동양방적은 일본 정부와 총독부의 요청으로 조선뿐 아니라 만주, 중국, 동남아 등지에 섬유공업은 물론 담배, 석탄, 석유, 제유, 광업, 전기 등의 산업시설을 설립해 일본의 식민지정책과 대륙진출에 중요한 역할을 했다. 『철도원 삼대』에서 김근식은 동양방적, 인천철공소, 인천부두, 정미소 등에 독서회나 친목회를 조직했다.

1930년대
동양방적 인천공장
(김창수 소장)

현 동일방직 ⓒ김경은

인천 답사 1코스

함께 둘러볼 곳

ⓐ 조선인촌주식회사 (현 배다리성냥마을박물관 부근)

1917년 일본인이 설립한 성냥공장이다. 공장 직원은 대부분 10대 소녀들로 하루 13시간의 장시간 노동과 저임금에 시달렸다고 한다. 노동자들은 임금인상과 노동환경 개선을 요구하며 일본인 자본가에 대항해 투쟁했고 동맹파업을 벌였다.

조선인촌주식회사(秋森茂, 『경성과 인천』, 1929)

배다리성냥마을박물관 ⓒ이설야

ⓑ 노다장유野田醬油주식회사 (현 송림동 삼익아파트 일대)

경인철도가 설립되자 소금과 콩을 조달하기 유리한 인천 송림동에 일본장유주식회사가 설립됐다. 만석동과 배다리 일대에는 정

노다장유주식회사(秋森茂, 『경성과 인천』, 1929)

노다장유주식회사 터(현 삼익아파트 일대) ⓒ김경은

경인철도 기공지와 배다리 일대

미공장은 물론 소주, 간장을 생산하는 양조 공장이 들어섰는데 1900년대 일본장유주식회사를 시작으로 일대에 10여 개의 간장 제조회사가 세워졌다. 1917년, 치바현千葉県 노다시野田市의 모기茂木와 다카나시高梨 가문이 함께 노다장유를 설립하면서 일본장유주식회사는 인천 지점이 되었다.

ⓒ 인천 3·1운동 발상지(현 창영초등학교 일대)

1919년 3월 6일 인천 공립보통학교와 공립상업학교 학생들이 동맹휴학하고 지역 주민 300여 명이 합세하여 경인가도와 만국공원 등지에서 만세운동을 했다.

인천 3·1운동 발상지(현 창영초등학교 일대) ⓒ이설야

ⓓ 배다리 마을 일대

금곡동과 창영동 일대에는 1925년 이전에 결성된 것으로 추정되는 단체 '금곡청년회'가 있었다. 노동자들이 많이 살았고 식민지에 저항하는 활발한 움직임이 있었다. 『철도원 삼대』에 등장하는

배다리 마을 일대 ⓒ장회숙

김근식이 거주하면서 노동자들을 조직하던 근거지로 추정된다.

인천 답사 1코스

ⓔ 마루보시丸星 사택 [중구 사동 부근]

조선운송주식회사는 식민지기 철도역에서 물자 운송과 하역작업을 하던 회사로 마루보시라고 불렀다. 해방 후 국가에 귀속되었다가 조선미곡창고와 합병되고 다시 민자기업으로 넘어간다. 대한통운의 전신이다. 지금 남아 있는 주택은 관리자 사택이었다. 직급에 따라 규모가 다른 사택이 줄지어 있었고 노동자들은 조밀하게 붙어 있는 집에서 살았다. 서울에서는 사라진 마루보시 사택을 여기서 확인할 수 있다.

마루보시 사택(2022년 11월, 철거 예정) ⓒ장회숙

ⓕ 송림산 언덕배기 [현 수도국산 달동네박물관 일대]

이백만의 아버지는 강화 지산리에서 송림산 언덕배기로 이주했고, 어시장에서 잡어를 넘겨받아 식당에 팔았다. 작품 속 송림산은 지금의 수도국산으로 추정된다.

인천항 축현 부근과 원경의 송림산(출처: 수도국산달동네박물관)

경인철도 기공지와 배다리 일대

ⓖ 주안염전 터(현 주안역 뒤편)

우리나라 최초의 염전으로 이백만의 장인(만이 아저씨)이 일하던 곳이다.

주안염전
(출처: 인천시립박물관)

주안염전이 있던 자리
ⓒ 장회숙

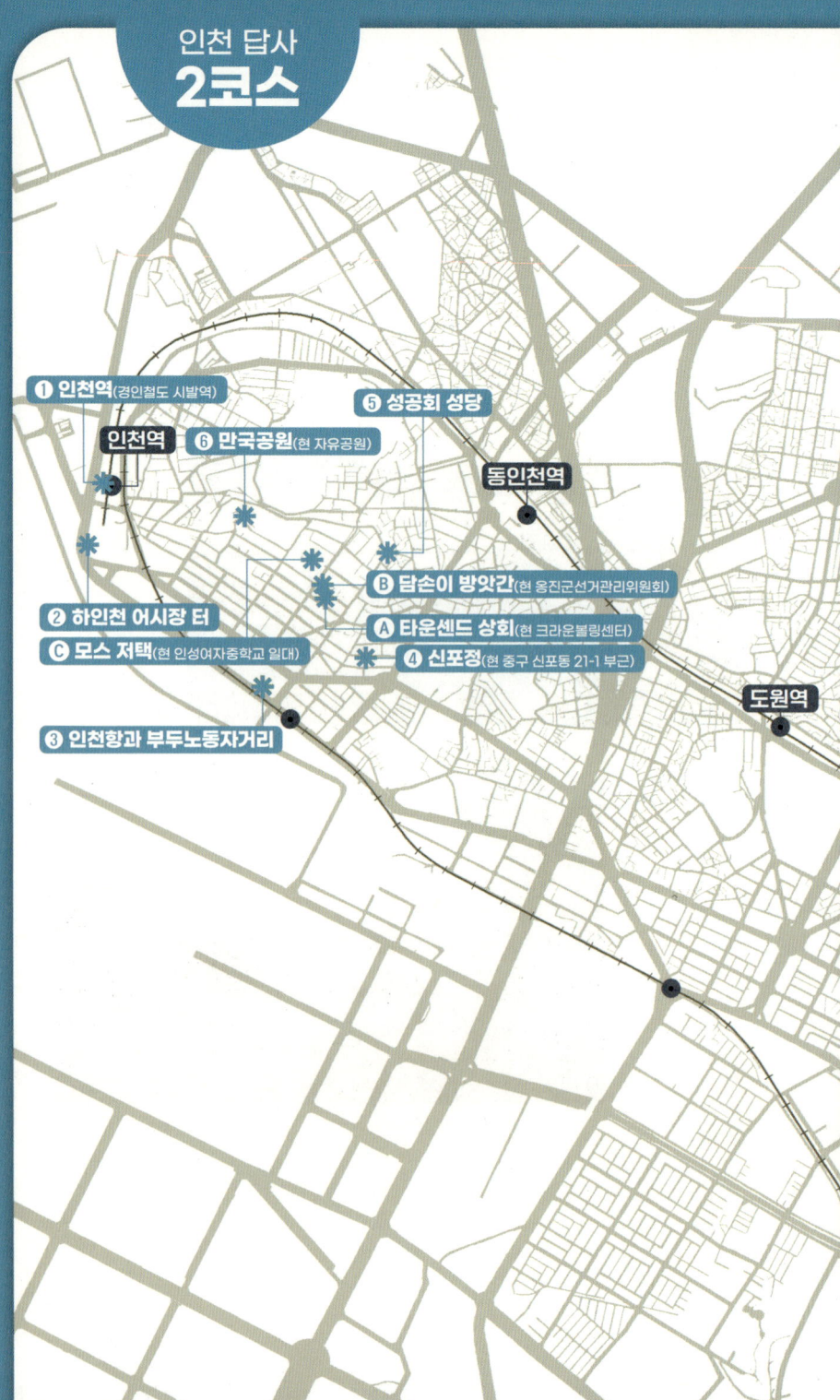

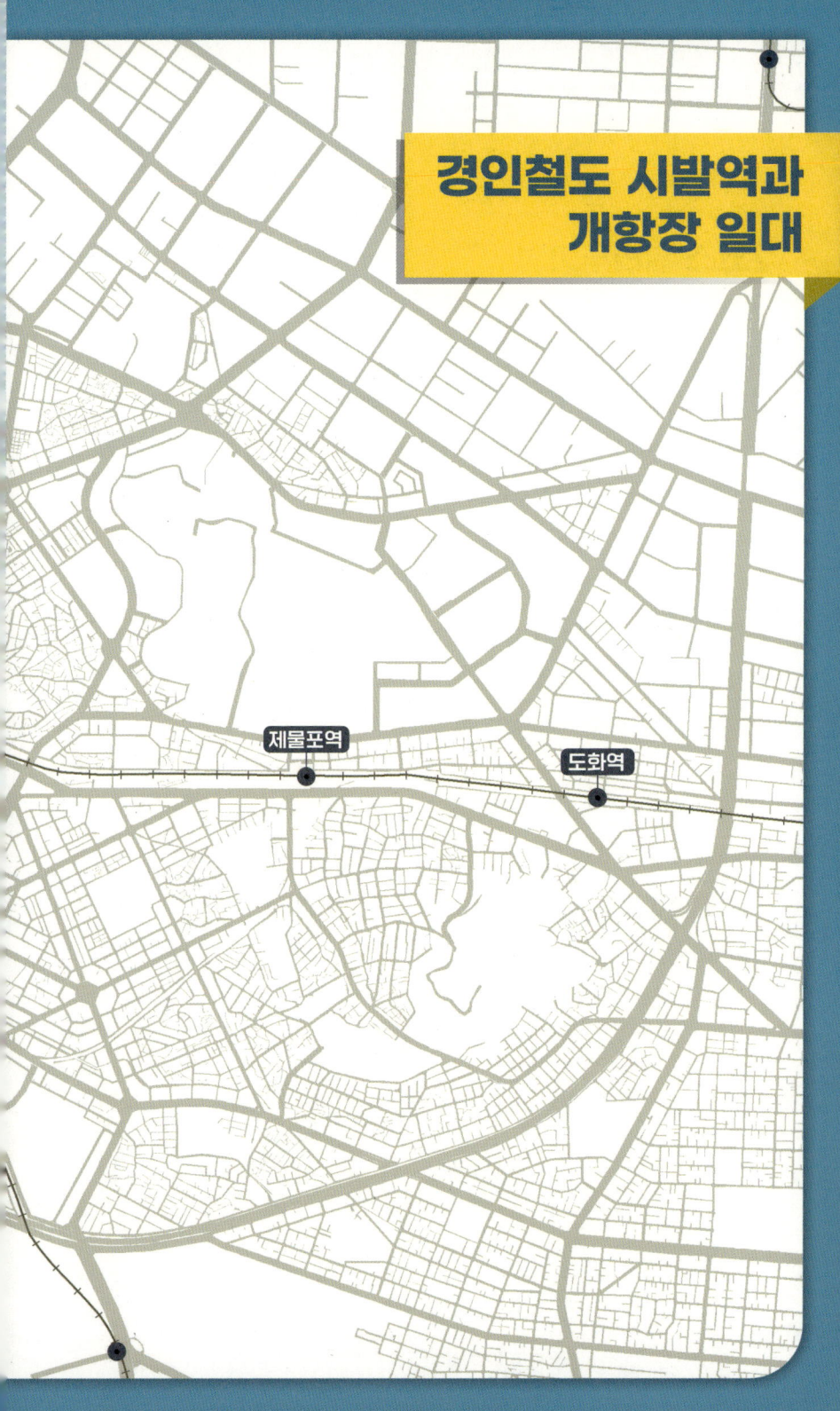

인천 답사 2코스

2코스 일러두기

우리나라 최초의 철도인 경인철도는 인천역에서 출발한다. 주안댁은 인천역 어시장에서 생선이나 생새우를 떼어다가 영등포시장에서 좌판을 벌였는데 남편 이백만이 경인선을 얻어타게 해준 덕분이다. 강화 출신 이백만은 일자리를 찾아 인천에 왔었고 부두 뒷길에 있던 요시다정미소에서 선반기술을 배운 뒤 영등포공작창에 취직했다. 염부의 딸 주안댁과 결혼하고는 영등포에 집을 마련해 일가를 이뤘고 그의 맏아들 이일철도 철도기관사가 됐다. 경인철도가 놓이고 인천항이 건설되면서 인천항 일대에는 이백만이나 주안댁처럼 돈 벌 기회를 찾아 몰려드는 사람들로 북적거렸다.

   응봉산에는 만국공원이 들어섰으며 존스턴별장, 제물포구락부, 세창양행 사택 같은 서구식 건물이 세워졌다. 개항장에는 은행, 상회, 극장, 술집, 카페, 숙박지가 속속 들어서면서 신시가지가 형성된다. 기회를 찾아 몰려드는 사람들 틈으로 식민지 저항세력도 스며들었으며 이들의 활동은 흥청거리는 개항장에 긴장감을 만들어내곤 했다. 작

경인철도 시발역과 개항장 일대

품에서 영등포 방직공장 파업을 주도한 방우창, 조영춘은 감시의 눈을 피해 인천으로 와서 활동을 재개했다. 정탐조를 꾸린 최달영도 활동가들을 찾아 인천까지 촉수를 뻗치고 있었다.

  이이철은 인천에서 본격 활동하기 전에 연락책으로 인천을 다녀간 적 있다. 이때 감시망을 벗어나기 위해 박선옥을 먼저 보냈고 박선옥은 성공회 성당에서 김근식의 레포(리포터의 일본어식 줄임말로 비합법 조직의 연락담당자)인 동양방적 여성노동자를 먼저 만난 뒤 김근식과 만국공원에서 청춘 랑데부를 한다. 이 자리에서 약속이 정해지고 이행되던 날, 이이철은 인천역을 통해 귀경했지만 최달영에게 검거되었다. 더 이상 서울에서 활동하기 어려워지자 이이철은 인천으로 왔고 박헌영을 도와 기관지를 발행하다가 다시 최달영에게 잡히고 만다. 그는 윗선을 보호하기 위한 조치를 취한 뒤 배다리사거리를 지나 번화가 '신포정'에 이르렀고 그릴에서 최후의 식사를 마치고 체포되었다.

인천 답사 2코스

❶ 인천역

1899년 개통한 경인철도 시발역이다. 이이철은 인천에서 사람을 만난 뒤 최달영의 미행을 눈치채고 인천역에서 열차를 탄다.

인천역(2022년 11월) ©김경은

❷ 하인천어시장 터(현 중구 항동1가 일대)

철로가 놓이자 인천역 주변으로 어시장이 생기고 새로운 풍경이 형성된다. 주안댁은 화물열차를 얻어타고 와서 생선을 떼다 영등포시장에서 팔았다.

하인천어시장 ©Neil Mishalov

하인천 어시장 터 ©김경은

경인철도 시발역과 개항장 일대

❸ 인천항과 부두노동자 거리(현 중구 항동6가 일대)

축항 거리는 부두노동자로 북적여 일대에는 여인숙과 술집이 많았다. 김근식이 이이철한테 '김선생'을 모시고 오는 일을 맡길 때도 이 거리의 술집에서 만났으며 부두 쪽으로 걸어가 바닷가 한적한 곳에서 이야기를 꺼냈다.

인천항과 부두노동자 거리 ⓒ김경은

❹ 신포정(현 중구 신포동 21-1 부근)

당시 이 일대는 은행, 상점, 여관 등이 즐비한 번화가로 일본인의 활동 중심지였다. 이이철은 야마시타(최달영)에게 잡혀가기 전, 그릴에 들어가서 비프가스를 먹었다.

❺ 성공회 성당(인천내동교회, 현 중구 내동3)

1890년 영국 성공회 선교사로 파견된 고요한C. J. Corfe 주교가 세운 한국 최초의 성공회 성당이다. 한국전쟁 때 원 건물이 훼손되어 미국인 의료 선교사 랜디스E. B. Landis 박사가 세운 성누가병원 터에 현재의 교회당을 새

성공회 성당(출처: 2002년 인천광역시사)

로 지었다. 이이철은 성공회 성당 부근 산책로에서 이금순을 만났고 박헌영을 인천으로 모셔오라는 지시를 받았다.

❻ 만국공원(현 자유공원)

정상에 서면 인천 내항이 내려다보이는 응봉산은 1888년 각국 공원으로 조성되었다가 만국공원으로 이름이 바뀌었고 현재는 자유공원으로 불린다. 서울의 탑골공원보다 9년 먼저 조성된 최초의 서양식 공원으로 존스턴 별장, 세창양행, 제물포구락부 등 서양건물이 모여 있어 이국정취를 느낄 수 있었다. 『철도원 삼대』에서 만국공원은 '청춘 랑데부' 장소로 등장한다. 활동가들은 경찰이나 밀정의 감시망을 피할 목적으로 청춘남녀의 데이트를 가장해 만났고 만국공원은 데이트 장소로 대중의 사랑을 받았다.

일제식민지기 서공원
(만국공원 현 자유공원 / 김창수 소장)

만국공원 일대(1948년 11월)©Norb-Faye

경인철도 시발역과 개항장 일대

함께 둘러볼 곳

Ⓐ 타운센드 W.D.Townsend 상회 터(현 송학동 3가 7, 크라운볼링센터 일대)

타운센드는 인천에서 가장 먼저 활동한 외국인 상인이다. 모스와 함께 세운 상회에서 독립하여 타운센드상회를 설립하고 운영했다.

타운센드 상회 터(현 크라운볼링센터) ⓒ이설야

Ⓑ 담손이 방앗간(현 송학동 3가 6-6)

대풍작으로 인천항 미곡수출 금지령이 풀리자 정미업이 중요 산업으로 부상한다. 1889년 타운센드는 정미소(담손이 방앗간)를 설립하고 미국에서 증기식 정미기를 들여왔다. 인천에는 신규 정미소가 속출해 정미업이 번창했다. 『철도원 삼대』에서 김근식이 조직한 독서회, 친목회에는 정미소 노동자들도 있었다.

담손이 방앗간 터(현 옹진군선거관리위원회) ⓒ김경은

ⓒ 모스 저택 (송학동2가 18-15, 현 인성여자중학교 일대)

미국인 모스와 타운센드는 공동으로 모스·타운센드상회를 설립해 화약과 배를 조선정부와 거래했다. 모스는 인천-한성 철도부설권을 취득했으나 자금난으로 부설권이 일본으로 넘어갔다.

모스저택(현 인성여자중학교 일대)
ⓒ 최성연(『개항과 양관역정』)

> **기차를 노래한 시편 ❶**

경인선京仁線 9

최무영

언제부턴가
꽃은 피지 않았다.

복사골 복사꽃도
계양산 진달래도
더는 피지 않았다.

경인선 백릿길
차창 밖에 흐드러 피던
꽃들은 다 어디 가고

아파트 베란다에
내려앉은 창백한
봄 하늘.

노랑나비 한 마리
두리번 두리번
길을 잃었다.

―『노래는 저 혼자 울고 있고』(소명출판, 2016)

최무영(1947~2005)은 인천 출생으로 35년간 시를 썼다. 그의 유일한 시집이 된 유고 시집에 『경인선』 시편 9편이 실렸다. 경인선 궤도에 누적된 봄의 풍경변화를 올려 공간이미지를 시간이미지로 형상화했다.

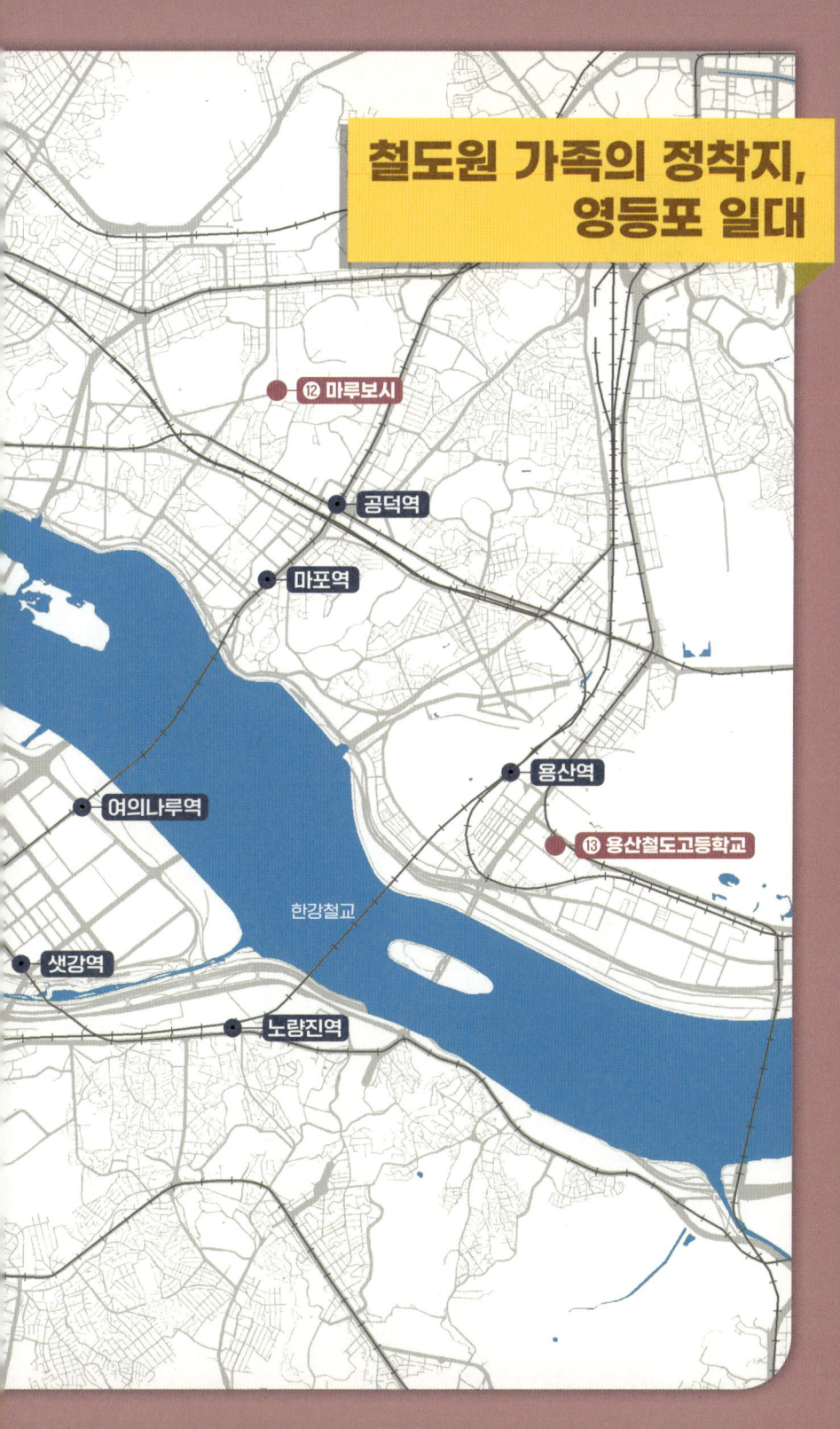

| 서울 답사 코스 |

서울 코스 일러두기

이진오 집안의 선대는 철도원으로 종사하며 우리나라 근현대사와 함께해왔다. 부당해고에 맞서 고공농성을 시작한 이진오는 우리의 근현대 노동운동사이기도 한 가족사를 회상한다.

　1대 이백만은 경인철도가 놓이던 초창기에 영등포 공작창에 취직했고 결혼한 뒤 영등포에 정착했다. 맏아들이자 2대였던 이일철은 용산철도고등학교의 전신인 철도종사원양성소를 졸업해 기관사가 되었고 3대 이지산도 아버지의 뒤를 이었다. 이백만의 아내 주안댁은 경인선을 이용해 인천을 들락거리며 생선을 떼다 영등포시장에서 좌판을 벌였다. 이런 시어머니를 이어받아 일철의 아내 신금이도 시장에서 옷가게를 한다. 주안댁에서 신금이, 윤복례로 이어지며 생계를 책임지는 이들과 박선옥, 한여옥 등은 여성서사로 작품의 한 축을 이룬다.

　이백만이 영등포에 정착하자 누이 막음이도 영등포로 이주했고 강 목수와 결혼했다. 강 목수는 영단주택 5백 채를 지을 때 백 채를 하

철도원 가족의 정착지, 영등포 일대

청받아 지었으며 실제로 문래동에는 오백채마을 일부가 현존한다.

둘째 아들 이이철은 공작창, 방직공장, 마치코바를 거치며 활동가로 성장했다. 영등포 조직의 연락책으로 신길정의 안대길 모친 밥집에 드나들었고 인적이 드문 방하곳 귀신바위를 약속 장소로 여러 번 이용했다. 한편 도림동 돼지마을 출신 최달영은 정탐조를 꾸려 암약하던 밀정으로, 덫을 놓아 활동가들을 잡아들였고 이이철도 그에게 검거되어 옥사했다. 박선옥과 조영춘은 그들의 동지 방우창과 이이철을 죽음으로 몰아넣은 최달영을 처단한다.

아우의 청을 받아들여 중요 인물을 경의선으로 이동하도록 도왔던 일철은 아우의 죽음 뒤 찾아온 해방정국에서 영등포 산별노조를 이끌었다. 쫓기는 몸이 되자 인천 바다를 거쳐 월북한 뒤 철도원 가족은 이산의 아픔을 겪으며 이백만의 손자 이진오에 이르렀다.

❶ 영등포 공작창

인천의 요시다 정미소에서 선반을 배운 이백만은 영등포 공작창으로 이직했다. 공작창은 기관차 정비와 수리를 하던 곳이다.

영등포 공작창(출처 : 서울특별시)

❷ 영등포시장

주안댁이나 신금이 등이 철도원 삼대 집안을 지켜온 방편은 시장에서 좌판을 벌이는 일이었다. 주변으로 점포가 번지면서 북쪽 둑방 아랫동네 살던 박선옥의 외조부모는 한옥 앞쪽을 터서 떡가게를 열었고 박선옥은 이 집을 독서회 모임 장소로 제공했다. 이이철, 박선옥, 조영춘 등이 독서회의 지도원으로 활동했다.

1930년대 영등포(출처 : 영등포구청 홈페이지)

1960년대 영등포시장 사거리(출처 : 영등포구청 홈페이지)

철도원 가족의 정착지, 영등포 일대

❸ 영등포 방직공장 [현 경성방직공장]

이이철이 나가던 영등포 지역 독서회에는 방직공장에 다니는 젊은 여성노동자들이 많았다. 영등포에는 1919년 우리나라 최초로 경성방직공장이 설립되었고 주변으로 공장지대가 형성되고 있었다.

경성방직공장(출처 : 영등포구청 홈페이지)

❹ 영일시장 [서울 영등포구 문래로30길 27]

이백만의 여동생 막음이가 결혼해서 살던 집이 있던 곳이다.

❺ 경인가도

영등포와 인천을 이어주는 역할을 했으며, 경인철도가 들어서기 전까지는 서울로 가는 길이었다.

1930년대 문래동에서 바라본 영등포(경인로)
(출처 : 영등포구청 홈페이지)

문래동 경인로(출처 : 영등포구청 홈페이지)

❻ 문래동 창작촌

이이철이 영등포 방직공장에서 해고된 뒤 다닌 소공장들이 모여 있던 곳이다. 공작창에 물건을 조달하던 마치코바(소공장)들은 현재 문래동 창작촌으로 활용되고 있다.

❼ 문래동 오백채마을 [서울시 영등포구 문래동4가 16-2]

양평정에 5백 채 영단주택을 지을 때 막음이 남편 강 목수는 그중 백 채를 하청 받아 지었다.

1970년대 문래2동 오백채(출처 : 영등포구청 홈페이지)

❽ 도림동 돼지마을

도림동 152번지 일대에 있던 마을로서 돼지를 많이 키웠던 데서 이름이 유래했다. 최달영(야마시타)의 가족은 이 마을에 살면서 돼지를 쳤다.

1980년대 문래동 돼지마을(도림2동)
(출처 : 영등포구청 홈페이지)

❾ 안대길 모친의 밥집이 있던 신길정
[현 신길 우성1차 아파트 부근]

이이철은 영등포 조직의 연락 책임자가 되어 신길정 안대길 모친의 밥집을 연락 거점으로 삼았다.

1930년대 신길동(출처 : 영등포구청 홈페이지)

철도원 가족의 정착지, 영등포 일대

❿ 철도관사 [서울 영등포구 신길동 209-94]

이일철이 정식기관사가 되고 이지산이 소학교에 입학할 무렵 영등포 버드나무 집에서 철도관사로 옮겨 갔다. 나중에 이사 나올 적에는 버드나무 집이 아니라 샛말의 막음이 고모네 집으로 갔다.

⓫ 방하곶 귀신바위

귀신바위는 이이철이 밀정들 눈을 피해 활동가들을 접촉하던 장소였다. 방하곶 아래편 귀신바위 부근에는 여의도 미루나무 숲이 있었다고 묘사된다.

1970년대 여의도 샛강의 귀신바위와 느티나무
(출처 : 영등포구청 홈페이지)

⓬ 마루보시

마포구 염리동 36번지와 178번지 일대에 있었다. 염리동이 1936년 경성부로 편입될 때, 당시 운송수단으로 쓰인 말을 키우던 일본인 마루보시의 목장이 있었다.

⓭ 용산철도고등학교

만주철도 위탁경영 시절에는 경성철도학교였고 총독부 직영으로 넘어오면서 철도종사원양성소가 되어 조선인에게도 철도 기술교육이 허용되었다. 이일철은 철도종사원양성소를 나와 철도기관사가 되었다.

경의선 이송 작전

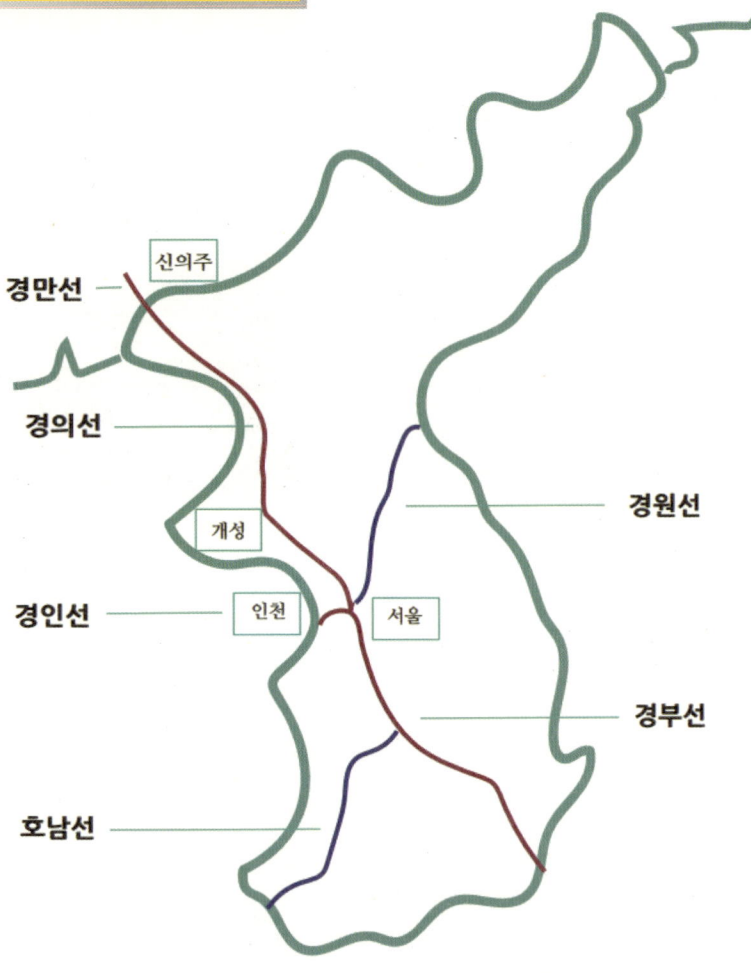

그림_김경은

인천-의주
-서울

일러두기

『철도원 삼대』에는 신의주에서 경성까지 경의선을 이용해 '김선생'을 모셔오는 특급작전이 등장한다. 이를 주도한 것은 이재유(소설에는 '유'로 등장)가 이끄는 '경성트로이카'로 경인지역을 망라한 노동자-농민 조직이었다. 세 마리의 말이 균형 맞춰 이끄는 마차라는 이 조직명은 정식 채택(1934년 9월) 이전(1933년 여름)부터 은연중에 퍼져 있었다(안재성, 『경성트로이카』, 2015).

임무수행 적임자로는 이이철을 낙점한다. 그는 경의선 특급열차 기관사 이일철의 동생이었다. 최대한 안전 경로를 이용하고자 주로 어둠과 변방을 동원하며 수륙 양면 작전을 펼쳤으나 핵심은 열차 이용이었다. 이는 서슬 퍼런 식민 치하에서 그들의 심장 한가운데를 통과한 행위였다.

인천의 연평도 연안을 거쳐 개성에 닿고 다시 신의주로, 거기서 전통 도시 의주까지 갔다가 서울로 돌아오는 경로였다.

인천-의주-서울

1903년 경의선 부설 현장(출처 : 철도박물관 도록)

❶ 연평도 연안

(대·소)연평도는 백령도, 대·소청도와 함께 서해5도로 불리는 분쟁지역으로 북한의 황해도 남쪽 해안과 가깝다. 이이철은 인천부두 노조의 도움을 받아 어선을 타고 연평도 연안으로 나간다.

❷ 강화도 뒤편 갯벌

연평도 연안에서 강화도 건너편에 닿자 멀리 송악산이 바라다보였다. 이이철은 두 시간 걸어서 개성으로 들어갔다.

❸ 개성

특급열차 히카리호 도착 즈음, 소화물 창고 뒤편 노동자들 틈에 섞여들었다. 형을 만나 철도원 작업복으로 갈아입고 기관차에 탑승했다.

❹ 신의주

화물열차 타러 신의주까지 가는 기관수로 위장했고 경인선과 경원선에서 일했다고 형과 이력을 맞춰두었다. 기차는 심야에 평양에 도착했고 새벽에는 청천강 다리를 통과해 목적지에 닿았다.

1927년 경의선 청천강 교량(출처 : 한국철도공사)

신의주는 철도와 철교가 놓이며 생긴 식민지기의 신도시였다.

❺ 의주

이이철은 관아가 있던 의주의 한약방을 찾아갔다. 약속한 장소에서 약속된 말을 꺼내 김선생을 만났다.

❻ 신의주

김선생과 신의주로 다시 나온 이이철은 형이 기다리는 여관으로 갔다. 형 일철은 우편 칸을 이용한 이동 계획을 두 사람에게 일러두었다.

1912년 신의주역(출처 : 한국철도공사)

❼ 경의선 종점

형의 안내를 받아 신의주에서 출발하는 기차에 잠입했다. 수화물에 묻힌 두 사람은 객실을 감시하는 헌병과 형사는 물론 수화물 칸을 들락거리는 직원들 눈까지도 감쪽같이 속인 채 평양과 개성을 통과했다.

임진강 철교 교각(왼쪽은 새로 놓은 경의선 철교)ⓒ장회숙   임진각 표지ⓒ장회숙

❽ 수색

한밤중 기차는 달렸고 임진강 다리를 지나 종점이 다가오자 직원들도 긴장을 풀고 잠들었다. 들판을 질러 간이역들을 지나고 수색이 다가오며 기차는 속도를 줄였고 두 사람은 뛰어내렸다.

❾ 애오개

걸어서 해가 뜰 무렵, 애오개 마루에 도착한 이이철은 김선생과 헤어졌다.

경의선 이송작전

함께 둘러볼 곳

도라산역

도라산역은 분단으로 중단된 경의선의 종착역이다. 현재, 도라산역은 수도권 전철화사업으로 개통된 경의중앙선의 종착역이기도 하다. 개성을 종착역으로 하는 경의선 광역전철화 사업이 추진과 중단을 반복하면서 문산-도라산 구간은 개통되었지만 임진강-도라산은 출입이 제한돼 있다. 끊어진 경의선이 다시 이어지면 도라산역은 북한에서 들어오는 열차가 닿는 첫 번째 역이 된다.

도라산역
(출처: 한국철도공사)

그림_김경은

기차를 노래한 시편 ❷

기관차 묘지
— 수문통3

박형준

정신이 위장처럼 맑았다
되새김질하면 소의 연한 위장처럼
기억이 떠올랐다 기관차가 지나갔다
검은 콜타르가 침목 위에서 햇볕에 진득진득 녹아 붙고 있었다
소년들은 레일에 못을 올려놓고 기관차가 지나가기 기다렸다
그 거리엔 늘 공장 담벼락을 넘어오는 소음이 있었다
그건 주머니 속에 손을 찌르고 다니는 소년들이 만지작거리던
칼처럼 납작해진 못이거나,
프레스에 손이 눌린 공원(工員)들의 피 냄새를 맡고
철길에 무더기무더기로 피어나던 장미의 긴 행렬이거나,
가슴속에 먼저 자라던 가시거나 남들을 찌르기 전에
자신의 속을 찌르고 마는 날카로운 성장의 추억이었다
그 거리를 떠돌던 소년들의 정신은 위장과 흡사해서
철길을 걸어 공장으로 가는
몸에선 늘 비릿한 냄새가 났다 그리고 그 철길의 끝에
기적처럼 바다가 있었다 기관차는 바다 앞에 멈춰섰고
그건 죽음을 향해 숲 속으로 들어가는 코끼리의 행렬과 같았다
그 바다엔 기관차 묘지가 있었으나

박형준(1966~)은 전북 정읍 출생으로 어린 시절 인천으로 이주했다. 수문통 시장 끝에 있던 철도공작창(현 동부센트레빌 아파트 일대)과 공장들, 기차가 다니고 바다가 펼쳐지던 풍경은 이제 시인의 시에서나 볼 수 있다.

아직까지 누구도 코끼리 무덤을 목격하지 못했 듯
발견된 것은 상아 같은 녹슨 자동차나 철근뿐이었다
잔업이 있는 날엔 밤늦게 소년들이 술에 취해
기계들을 바다에 밀어 빠뜨리고
쇠 냄새가 선창가를 떠돌았다
문든 심호흡을 하면 욕지거리들 속에 되새김질의 나른함이 밀려
왔고
가끔 바다에서 기계 소음이 들려왔다
튼튼한 파도가 방파제를 거세게 때린 뒤
밤하늘에 장밋빛 피거품이 흘러다녔다

─『생각날 때마다 울었다』(문학과지성사, 2011)

> 기차를 노래한 시편 ❸

우기
—제물포역

이설야

한낮의 폭우가 쏟아지는
낡은 역사 안,

빨간 하이힐들이 계단 너머 개찰구로 사라지자, 건반을 두드리듯 고음을 내며 다시 하이힐들이 내려온다. 둔탁한 저음으로 계단 건반을 밟는 넓적한 구두코, 두세 계단씩 음을 건너뛰며 내려오는 짝짝이 슬리퍼. 멀리 나갔다 와서 너덜너덜해진 검정 구두. 밑창이 닳아 발가락이 보이는 운동화가 검은 건반을 밟으며 미끄러지듯 내려온다. 휠체어에 실려 내려오는 볼이 넓은 구두는 언제나 무반주다. 플랫폼 끝에서 겨울 외투를 입은 맨발이 걸어오고 있다. 축축한 바다의 빗물이 물고기처럼 튄다. 맨발은 발가락 사이에다 파도 소리를 숨기고 걷고 또 걷는다. 굉음을 내며 도착한 기차가 신발들을 가득 싣고 떠난다.

비에 젖어 무거워진 신발들이 돌아오는 저녁
지루한 우기가 시작되고 있었다.

—『우리는 좀더 어두워지기로 했네』(창비, 2016)

이설야(1968~)는 인천 출생이다. 이 시는 첫 시집에 실렸으며 제물포 플랫폼의 풍경을 노래했다. 원래 제물포는 개항장인 인천항 일대였으며 1899년 9월 18일 경인선이 개통되었을 때는 인천역을 제물포로 표기했었다.

2부

『철도원 삼대』를 말하다

황석영의 『철도원 삼대』에 대하여 _조성면

철도원 삼대, '버드낭구집' 이야기 _김경은

황석영의 『철도원 삼대』에 대하여

조성면 문학평론가

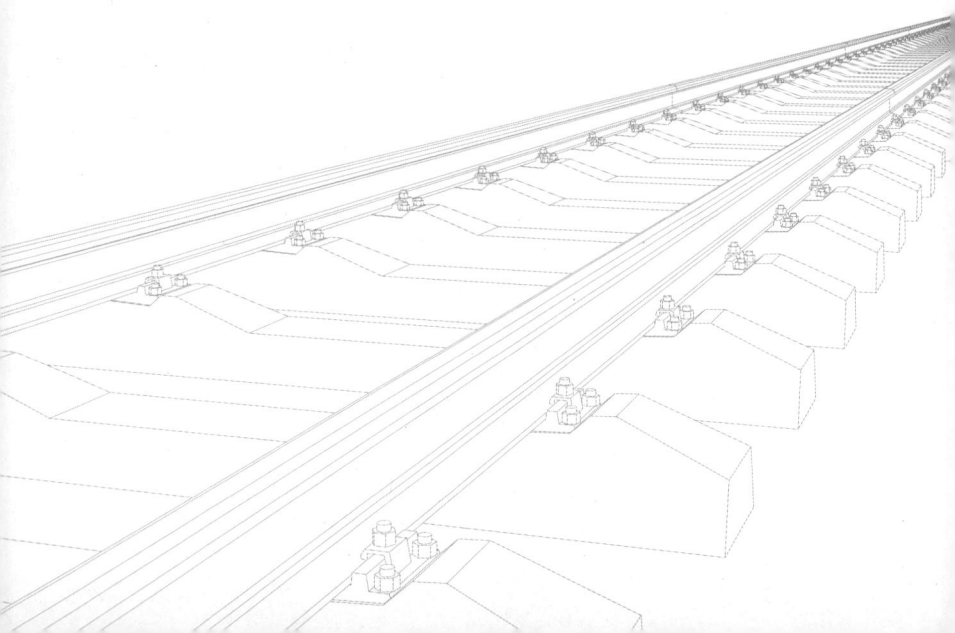

1 철도와 근대
그리고 『철도원 삼대』

오늘의 주제는 황석영의 장편소설 『철도원 삼대』입니다. 『철도원 삼대』를 다루자니 부득이하게 세 개의 연관 주제가 더 따라붙습니다. 철도·근대·그리고 황석영의 소설들입니다.

다소 낯설고 어려운 이야기가 될지 모르겠습니다만, 철도는 근대의 표상이라 할 수 있습니다. 이 문장에서 가장 중요한 핵심어는 '철도', '근대', '표상'입니다. 이들 세 단어는 그 중요성과 비중을 놓고 보면 각각의 단어 하나만으로도 책 한 권을 쓸 수 있을 정도입니다. 어째서 그럴까요?

우선 근대라는 주제부터 따져볼까요. 한동안 우리 인문학을 뜨겁게 달구었던 근대성 논의, 근대의 시작점과 근대문학의 출발 지점이 어떤 작품, 어떤 시기부터였는지를 놓고 다양한 견해가 엇갈린 근대(문학)기점 문제, 그리고 한국의 후진성과 식민사관 등에 대한 대응논리로 개발된 18세기 실학과 자본주의 맹아론 등이 모두 여기에 포함됩니다.

그다음으로 표상表象, représentation이라는 말이 있는데, 표상은 말 그대로 특정 시대의 대표적 상징/물이란 뜻입니다. 현상학에서도 노에마·노에시스·휠레·현상학적 환원 등등과 함께 현상학의 핵심 개념 중 하나입니다. 인간의 의식 특히 의식과 대상의 관계를 성찰하는 현상학은 여기서 설명하면 길어지니까 유튜브나 인터넷 검색을 해보시든지, 도서관에서 관련 서적을 읽어보시길 권합니다. 그래도 그냥 지나가면 섭섭하니 하나만 예를 들어보지요. 가령 'BTS는 매력적이다'란 현상이 있다고 했을 때 이 현상은 BTS의 매력과 BTS가 매력적이라고 인식하는 의식작용이 결합되어야만 'BTS는 매력적이다'하는 현상이 있게 되지요. 이때 BTS를 비추는 의식을 노에시스, 의식의 대상을 노에마라고 한답니다. 더 따지면 골치 아프니까 이 정도로 마무리합니다. 그리고 철도는 뒤에서 다시 다루고 계속 논의할 예정이니 일단 넘어갑니다.

앞에서 근대가 중요하다고 말했는데 왜 중요한지 조금 더 살펴보겠습니다. 근대란 말은 우리가 흔하게 쓰는 말이지만, 근대는 매우 중요하고 또 놀라운 시대입니다. 근대는 말 그대로 현재와 가까운近 시대代라는 뜻으로 인류 역사상 유례없는 진보를 이룩한 눈부신 시대, 전혀 새로운 시대입니다. 박정희 시대의 슬로건이 '조국 근대화'일 정도로 근대는 한편으로 이룩하고, 도달하고 싶은 꿈의 사회였기 때문입니다. 그러면 근대의 구체적 내용은 무엇이 있을까요. 과학기술혁명을 통한 자연적 제약의 극복과 산업혁명·자본주의 경제·시민혁명과 신분제 철폐·자유와 평등·인권·개인주의 등을 모두 망라한, 인류가 역사상 경험해보지 못한 꿈의 문명시대가 바로 근대입니다.

그러나 다른 한편으로 근대는 인류에게 새로운 극복과 도전의 숙제를 안겨준 미완의 역사적 시기이기도 합니다. 근대의 핵심 가치 가운데 하나인 자유·평등·인권·자유민주주의만 해도 그렇습니다. 정치인들과 일부 언론들이 신성불가침의 최고 가치인 양 떠들어대는 자유민주주의는 사실 전 근대시대에는 꿈도 꿀 수 없을 만큼 놀랍고 눈부신 진보를 이룩한 것임에 틀림없습니다만 그 본질은 근대 부르주아지의 이념에 바탕을 둔 것입니다. 말하자면 자유민주주의는 정치적 평등만을 일반 시민과 대중들에게 허용하고, 경제적 평등이나 권리는 도외시한 시스템으로서 기득권 계급과 소외 계급 사이의 넘을 수 없는 아득한 장벽을 만들어 놓고 있기 때문입니다. 근대자본주의의 대안을 자처한 사회주의는 이 같은 정치적 평등과 경제적 불평등 사이의 간극을 비집고 들어온 이념으로 또 다른 근대, 근대의 일란성 쌍생아라 할 수 있습니다. 그러므로 이제는 근대의 극복을 위해서 근대의 바깥에서 근대의 바깥을 상상하는 과감한 사고실험이 필요한 시점에 와 있습니다. 나아가 서구 근대를 기준으로 삼는 근대성 담론에서 벗어나서 비서구의 근대들, 더 나아가 서구적 근대가 아닌 또 다른 근대에 대해서도 자유롭게 사고할 필요가 있는 것입니다.

한국 근대 민족종교, 신종교의 사상과 의미에 오랫동안 천착해온 원광대 연구교수 조성환 박사는 비서구 근대의 사례를 중심에 놓는 기존의 사유 방식에 대해 이의를 제기하면서 동학(천도교)·증산교·원불교 등 개벽사상을 앞세운 개벽종교들의 '개벽적 근대', 요컨대 서구의 근대를 추종하고 따라잡으려는 '개화적 근대'가 아니라 영성과 민중을 중심에 둔 우리의 '개벽적 근대'에 주목하자는 제안[1]을 하고 있어 특별히 주목해볼 필요가 있습니다.

---

1 조성환, 『한국 근대의 탄생: 개화에서 개벽으로』, 모시는 사람들, 2018, 20쪽.

그리고 이런 근대만큼 중요한 논제가 있는데, 아직 우리 인문학과 문학에서 특별하게 관심을 두지 않았던 주제로 방금 전에 유보해두었던 철도입니다. 철도의 등장이 인류사회에 끼친 영향은 필설로 일일이 거론할 수 없을 정도로 크고 넓고 다양합니다. 철도의 중요성이 별로 실감 나지 않는다면, 철도가 없는 근대사회를 생각해보면 될 것입니다. 지금처럼 자동차나 항공기 등이 없었거나 보편화하지 않은 시대에 철도는 절대적 교통수단이었습니다. 우선 철도의 등장은 근대인에게 축력畜力과 인력人力 또는 바람이나 물살 등 자연력自然力에서 벗어나 기계(증기)의 힘을 이용하여 편리하고 안전하며 신속하게 먼 거리를 이동할 수 있도록 해주었습니다. 여행의 자유를 선물한 것이지요. 이뿐 아니라 물류 유통에도 엄청난 영향을 끼치고 기여하였는데, 철도가 철강 산업·광업·상업 등 유관 산업과 경제에 끼친 파급효과는 계산에 넣을 수 없을 만큼 엄청났습니다. 여기에다 철도는 근대인들에게 근대적 시간 개념은 물론 세계와 공간에 대한 인식까지 바꿔 놓았으니, 가히 철도는 근대사회 및 근대자본주의 사회 발전의 견인차라고 할 수 있을 것입니다. 심지어 신문이나 잡지 등 철도와 무관할 것 같은 매체들도 철도가 있기에 가능했습니다. 철도라는 전국적 유통망이 뒷받침되었기에 일간 신문과 전국지가 탄생하고 보급되었습니다. 철도가 이러하기에 제국주의 열강 국가들이 제3세계나 식민지 정복 전쟁에서 정책의 우선 최우선 순위에 철도와 철도부설권을 두고 각축을 벌인 것이랍니다. 철도는 공간의 지배를 넘어 해당 지역의 완전한 장악을 의미했기 때문입니다.

흥미로운 것은 문학작품마다 이 철도가 갖는 의미나 철도여행을 다루고 있는 작품들 또는 철도를 소재로 한 작품들은 부지기수이나 철도 하나를 단일한 주제로 삼고 있는 작품은 매우 드물다는 것입니다. 미야자와 겐지의 『은하철도의 밤』이라든지 80년대 최고의 애니메이션의 하나로 각광 받은 마츠모토 레이지의 〈은하철도 999〉, 아사다 지로의 소설 『철도원』 등이 나올 만큼 철도는 문학인들과 예술인들의 상상력과 영감을 자극하는 소재요, 상상력의 촉매였습니다.

황석영의 『철도원 삼대』가 지닌 놀라운 점과 다른 소설에서는 찾아볼 수 없는 획기성이 바로 여기에 있습니다. 철도를 낭만화하고, 대중문화로 콘텐츠화하는 것 또는 철도를 소재 차원에서 전유하던 방식에서 벗어나 아예 철도를 문학의 전면에 내세우면서 철도를 통한 한국민중사, 한국노동운동사를 본격적으로 다룬 명실상부한 철도문학이요, 철도 리얼리즘을 구현한 작품이기 때문입니다.

2. 『철도원 삼대』가 서 있는 자리, 그리고 인천과 영등포

한국 최초의 철도는 무엇이며, 언제, 어떻게 등장했을까요? 때는 1899년 9월 18일 오전 9시. 거물$_{트物}$이란 뜻의 모갈mogul 중기기관차가 기적을 울리며 노량진역을 떠나 인천 제물포역으로 출발합니다(출발이 인천역이라는 의견도 있습니다). 모갈은 일본어로 모가 モガ라고 하는데, 이 소형 증기기관차는 미국의 브룩스社Brooks Locomotive Works가 제작한 것으로 탱크형 기관차2였습니다. 텐더형 증기기관차는 대형에 장거리용이며, 탱크형은 단거리 구간에 주로 이용되던 기관차입니다. 이를 기념하여 1964년부터 2018년까지 9월 18일을 철도의 날로 삼았지만, 1937년 중일전쟁 당시 이날 황성요배를 하는 등 여러 가지 문제가 얽혀 있어 일제 잔재청산과 자주성 회복의 차원에서 현재에는 한국 최초로 철도국이 창설된 6월 28일을 철도의 날로 재지정한 상황입니다. 어쨌든 경인선이 운행을 개시함으로써 우리도 철도의 나라, 철도의 시대로 진입했습니다.

그러면 경인철도는 다른 철도보다 가장 먼저 부설되고 운행되었으며, 왜 인천-서울 구간의 철도가 놓이게 되었을까요? 인천은 서울의 인후$_{咽喉}$로서 바다를 통해서 서울로 진입하기 가장 좋은 전략적 요충지이기에 군사상의 필요성 때문에 경인선이 가장 먼저 시작된 것입니다. 청일전쟁과, 러일전쟁 등을 대비하기 위해

---

2 배은선, 『기차가 온다』, 지성사, 2019, 97쪽.

일제가 경인선 철도 부설을 고심하고 있었는데 청일전쟁이 철도 부설 시기보다 빨리 발발했고 승리까지 거두자 예산이 많이 투입되는 사업인 철도부설을 잠시 유보한 상태에서 미국인 모스가 1896년 3월 29일 조선 정부로부터 철도부설 허가를 받고 1897년 3월 22일 쇠뿔고개牛角峴, 지금의 인천 도원역 부근에서 기공식을 거행했습니다. 모스는 우정국 사건 당시 부상 입은 민영익을 치료해주고 조선 황실의 신임을 얻어 제중원 등을 설립한 알렌Horace. N. Allen의 도움으로 경인철도 부설권을 손에 넣게 된 것입니다. 상황이 이렇게 되자 다급해진 일본은 모스와 접촉하여 막대한 배상금을 주고 부설권을 사들인 다음, 1899년 4월 23일 지금의 인천역 근방에서 다시 기공식을 갖고 서둘러 공사에 착수, 9월 18일 개통식을 하게 됩니다.

그러고 보면 인천은 근대의 문물이 가장 먼저 상륙한 근대 도시이기도 하지만 동시에 철도의 도시이기도 합니다. 세계철도 사상 유례없는 세 차례의 기공식이 거행되었으니까요. 첫 번째는 모스가 인부 350명과 함께 1896년 3월 22일 우각리에서, 두 번째는 일본이 1899년 4월 23일 인천역 근방에서, 마지막으로 1971년 4월 7일 인천공설운동장에서 거행한 경인선 전철 착공식이 그러합니다. 여기에 주안과 인천항을 연결하던 주인선도 있었고, 말도 탈도 많은 월미은하레일까지 있으니 인천은 철도의 역

사 그 자체라고 해도 과언이 아닐 것입니다.3

황석영의 장편소설 『철도원 삼대』의 주요 무대가 인천, 영등포인 것도 결코 우연은 아닐 것입니다. 인천은 그렇다 쳐도 영등포는 또 어떤 이유에서 『철도원 삼대』의 주요 무대가 된 것일까요. 이를 위해서 작가의 이력과 함께 영등포라는 지역사를 잠깐 살펴볼 필요가 있습니다.

영등포도 인천 못지않은 철도의 요충지였습니다. 1981년에 나온 『서울육백년사』에 따르면, 영등포구永登浦區가 독립적인 정식 행정단위로 확정된 시기는 일제 강점기인 1943년입니다. 영등포는 1931년 무렵에는 원래 경기도 시흥군의 관할구역이었다가 1936년에는 경성부 영등포출장소가 설치되더니 해방 이후인 1946년 경성부가 서울시로 바뀌면서 서울시 영등포구가 됩니다.4

영등포에 이런 새로운 변화가 찾아온 것은 철도의 등장 때문이라 할 수 있습니다. 1899년 9월 경인철도가 완공, 열차 운행이 시작되면서 영등포리에 영등포역이 세워지고 교통의 요지로 부상하면서 시흥군 읍내리에 있던 군소재지가 1910년에 영등포리로 이전 설치되는 등 중요한 지역으로 떠오르게 됩니다.

그런데 영등포는 한강변에 위치해 있기 때문에 "진등포"라 부

---

3 조성면, 『질주하는 역사, 철도』, 한겨레출판, 2012, 21~23쪽.
4 민긍기, 『영등포의 역사와 지명 이야기』, 국학자료원, 2013, 15~17쪽.

를 만큼 물난리를 자주 겪었고, 모래땅이 많아 그리 번화한 지역
은 아니었다고 합니다. 『철도원 삼대』에도 영등포의 이러한 지역
사의 내력이 잘 묘사되어 있습니다.

> 영등포가 원래 모래땅이고 여름이면 물이 드는 게 늘 있는 일
> 이어서 겨울만 빼고는 언제나 땅이 질척거렸다. 주민들은 영등
> 포를 진등포라고 자조하여 불렀다. 짚신이나 신던 시절에는 말
> 할 것도 없고 고무공장에서 쏟아져 나오던 작업화 지카타피(왜
> 버선 모양 작업화) 고무신 고무장화가 나온 뒤에는 진등포에 살려
> 면 마누라 없이 살아도 장화 없이는 못 산다는 말이 돌았다.
> 진등포는 점잖은 말이고 그보다 더하게는 비만 오면 물이 들
> 어 흙길이 죽처럼 된다고 죽마루라고도 불렀다.[5]

제가 앞에서 『철도원 삼대』를 철도 리얼리즘이라고 언급한 적
이 있는데, 이 말은 공연한 찬사가 아니라 작품을 읽다보면 생생
한 지역사와 사람들의 이야기가 등장하여 마치 연세 많은 지역
의 어르신께 옛이야기를 듣는 것 같은 느낌도 받고, 시사市史나 논
문 등에서는 찾아볼 수 없는 생동감 넘치는 일화가 자주 등장하
기 때문입니다. 이는 작가가 이 작품을 쓰기 위해 얼마나 많이
발품을 팔고 자료 조사를 했는지 보여주는 것이기도 하지만, 이

---

5 황석영, 『철도원 삼대』, 창비, 2020, 76~77쪽. 이하 인용시 쪽수만 표기함.

곳에서 거주한 적이 없다면 도저히 쓸 수 없는 생생한 지역의 이야기가 담겨 있는 것을 볼 수 있습니다.

작품은 이진오란 인물이 굴뚝에서 고공농성을 하는 장면으로 시작하는데, 이진오는 이지산의 아들이며 이백만의 증손자입니다. 이 족보가 왜 중요하냐면 『철도원 삼대』는 영등포라는 공간의 지역사이면서 동시대 삼대에 걸쳐 이어 내려오는 철도원 노동자 가족의 노동운동을 다루기 때문입니다. 이진오의 증조는 이백만인데, 이백만의 아내이자 이진오의 증조인 주안댁이라는 신화적 인물이 나옵니다. 주안댁은 여장부형 인물로 호탕한데다가 1925년 7월 18일 서울은 물론 전국에 대홍수가 일어난 이른바 '을축대홍수' 당시 뗏목으로 가족과 수많은 인명을 구하기도 합니다. 작품에서는 주안댁의 이야기를 절반은 사실로, 절반은 막음이 고모 즉 이백만의 여동생이 이야기를 보태서 만든 신화라고 말하고 있습니다마는 이 이야기의 배경이 된 을축년의 대홍수는 사상 유례가 없는 재난으로 한강철교가 유실되고 용산·노량진·영등포 일대의 수많은 사람이 목숨을 잃거나 이재민이 된 참혹한 재해였습니다. 이러한 지역사까지 꼼꼼하게 챙겨 넣고 있으니 『철도원 삼대』의 세심한 디테일에 감탄하게 됩니다.

이 물난리 때 죽은 주안댁이 나타나서 가족들에게 문을 두드려 대피하라고 알려주고 많은 사람을 뗏목으로 구출했다는 이야기가 등장합니다. 다른 대목은 너무 기니까 주안댁과 영등포 일대의 대홍수를 다루는 부분만 인용해봅니다.

나중에 발표하기를 제방이 무너지면서 평지였던 영등포 전체가 물에 뒤덮여서 가옥의 지붕이 보이지 않을 정도였으며 심지어 비교적 높은 지대였던 영등포 역전 부근마저 삼 미터의 높이로 침수되었다고 한다. 일대에서는 공작창 부근의 철도관사가 있던 원당산 언덕만이 남았다. 몇 해 전에 주안댁이 삿대로 뗏목을 저어 공장 사람들을 실어 날랐다는 그곳이었다.(92쪽)

1925년 대홍수 때 침수된 영등포 일대(출처: 영등포구청 홈페이지)

영등포는 지형적으로 여의도에서 갈라져 샛강을 이루던 한강이 다시 그 앞으로 흐르는 지역이고 "양화나루 앞에서 합수되고, 안양천은 오목내 앞의 염창 앞에서 한강으로 흘러드니 영등포 그 사이에 낀 곳(78쪽)"인지라 늘 물난리를 겪던 곳이었다고 합니다.

작가 황석영은 만주 장춘長春에서 태어났고 네 살이 되던 1947년 영등포에 정착합니다. 해방이 되자 만주에서 모친의 고향인 평양을 거쳐 영등포로 내려와 정착했다고 합니다. 이곳에서 그는 1959년까지 12년 동안 살았습니다. 그러니 이렇게 실감나는 이야기가 나올 수 있었던 것이지요. 영등포는 일제 당시 최대의 공업지대이자 철도의 도시였으며 서울과 용산에 채소를 공급하던 지역이었는데, 철도 교통의 요충지가 되면서 1912년에는 조선피혁공장이, 1919년에는 그 유명한 경성방직 공장이 들어서는데 우리가 아는 경방필은 이 경

경성방직공장(출처: 영등포구청 홈페이지)

성방직의 줄임말입니다. 영등포가 이렇게 비약적으로 변모한 것은 철도, 바로 경인철도가 등장하면서부터입니다. 이렇게 보면 제물포 아니 인천과 영등포는 철도로 인해 연결된 도시이며 경인선 철도라는 역사를 함께 공유하는 공간이라 할 수 있을 것입니다.

지금은 크게 의식하지 못하지만 이제 단 몇십 년 아니 백년 정도의 세월만 지나도 『철도원 삼대』는 소설이 아니라 지역사, 철도사, 민중사, 노동운동사의 사료로 인용될지도 모르겠습니다. 이 점에서 『철도원 삼대』는 한 가족의 삼대三代를 다루되, 가족사 소설의 틀을 넘어 새로운 철도문학, 철도 리얼리즘을 구현한 소설로 쓴 민중사, 근대노동운동사라 할 수 있습니다.

3. 황석영 문학과 『철도원 삼대』

『철도원 삼대』는 황석영 문학의 전형이라 할 수 있으며, 황석영 문학의 종합판입니다. 학자든 작가든 연구서나 작품을 보면 그 연구자, 그 작가만의 스타일이랄까 특징이 있지요. 아무리 출중한 학자, 작가라고 하더라도 사람인 이상 그 사람 특유의 글쓰기 패턴이 있고, 대부분은 그 몇 개의 틀과 모티프를 반복합니다. 황석영 문학도 당연히 그러한 특성을 가지고 있으며, 『철도원 삼대』에서도 '황석영표' 문학의 특성을 잘 보여줍니다.

 그러면 황석영 문학의 패턴과 모티프로는 무엇이 있을까요. 황석영을 연구한 논문이나 평론들을 빅데이터로 분석해보면 아마 다음 같은 단어들이 주요어로 추려질 듯합니다. 민중·노동·민담·샤머니즘·자전성自傳性·전통양식·분단·혁명서사 등이 그러한데, 황석영 문학은 이처럼 주제나 범위가 넓고 다양해서 이것을 황석영 문학의 특징이라고 말하기가 민망할 정도입니다. 그러나 그의 문학을 잘 살펴보면 이런 요소들이 거의 빠짐없이 등장하며 많은 작품에서 계속 반복되고 있습니다. 생각나는 대로 열거해볼까요. 노동문학 하면 『객지』, 민중적 삶과 혁명서사라면 『장길산』이, 샤머니즘하면 『바리데기』와 『손님』을, 운동권의 후일담을 다룬 『오래된 정원』, 분단문학으로 『손님』을, 전통양식의 서사로 『심청』을, 어린 시절의 체험과 자전적 이야기라면 『개밥바라기 별』과 『모랫말 아이들』 등을 꼽을 수 있습니다. 이밖에도 이 범주에 들어가는 좋은 작품들이 더 많이 있는데 일일이 거론하지는 않겠습니다.

『철도원 삼대』에는 이러한 기왕의 황석영 문학들이 조합되어 있습니다. 『철도원 삼대』는 노동운동·철도·영등포·민담(샤머니즘)이라는 네 단어 또는 네 범주로 요약할 수 있겠는데, 노동운동이라면 『객지』를, 철도라는 소재는 「철길」이라는 단편을, 민담(샤머니즘)이라면 『바리데기』와 『손님』을, 그리고 자전적인 이야기에 영등포를 다룬 작품으로 『모랫말 아이들』과 단편 「잡초」와 「아우를 위하여」, 그리고 『영등포 타령』을 들 수 있습니다. 특히 『영등포 타령』은 황석영 문학을 다룬 많은 글에서 잘 거론되지 않고 있는 작품입니다만, 이 작품을 보면 죽포에서 서울 영등포로 떠나온 가족의 이야기가 60년대 한참 공업화하던 영등포 일대를 배경으로 하고 있음을 알 수 있습니다. 『문학사상』(35~37호)에 1975년 8월부터 10월까지 연재되다 『장길산』 연재와 겹치면서 『영등포 타령』이 중단되는데 이 작품이야말로 어쩌면 『철도원 삼대』의 전사前史라 할 수 있을 것입니다.

황석영은 『철도원 삼대』를 세상에 내놓고 여러 매체와 인터뷰하는 자리에서 이 작품의 집필 배경에 대해서 언급한 바 있습니다. 자신이 모친의 고향인 북한을 방문한 것은 1989년입니다. 이로 인해 그는 국가보안법 위반 혐의 등으로 오랜 세월 수감 생활을 하는 영어囹圄의 몸이 되었습니다. 어쨌든 그는 방북 당시에 서울 말씨를 쓰는 평양 백화점 부지배인과 환담을 나누던 중 그의 고향이 영등포라는 사실을 알고 철도원으로 지낸 노동자들의 이야기를 들은 뒤 『철도원 삼대』 집필을 구상하게 되었다고 합니다. 그러니까 『철도원 삼대』는 갑자기 나온 요즘 작품이 아니라 기왕의 황석영 문학의 연장선에 있는 작품이며, 이전에 발표되었던 황석영 문학을 종합한 소설이라 할 수 있습니다. 만일 황석영 문학에 대해 알고 싶은데 다 읽을 시간이 없다면 『철도원 삼대』를 잘 읽으면 될 것 같습니다. 그만큼 이 소설은 황석영 자신의 문학을 잘 재현한 작품이라 할 수 있습니다.

『철도원 삼대』는 철도와 영등포와 인천을 본격적으로 다룬 작품이며, 종래의 가족사 소설의 틀과 패러다임을 민중사이자 노동운동사로 치환해버린 소설, 더 나아가 한국문학에 드문 철도문학이라는 새로운 이정표를 세운 작품이라 말할 수 있습니다.

4 『철도원 삼대』와 인천, 그리고 ……

『철도원 삼대』의 또 다른 특징은 인천이 영등포 못지않게 중요한 작품 무대로 등장한다는 점과 샤머니즘적 요소 및 옛날이야기 즉, 민담문학의 특징을 가지고 있다는 사실입니다. 민중사와 한국근대사와 노동운동사가 이백만·이일철·이지산·이진오라는 증조에서 증손으로 이어지는 남성 인물들을 중심축으로 전개되고 있다면, 민담과 샤머니즘적 요소는 주로 주안댁이나 막음이 고모 그리고 신금이 같은 여성 인물들을 중심으로 펼쳐진다는 것도 흥미롭습니다. 이들 여성인물은 남성인물의 단순 보조자 또는 소설의 핵심 줄거리를 보좌하는 조연이 아니라 남성서사의 한계를, 나아가 어려움에 직면한 남성세계를 치유하고 가족을 지켜내는 든든한 밑바탕이 되어 주고 있다는 점입니다. 후손들과 가족을 지켜내고 심지어 홍수로 위기에 빠진 수많은 인명을 구해내고 가족을 지키며, 굴뚝에서 외롭게 고공농성을 벌이고 있는 자신의 후손인 이진오를 지켜내는 정신적 지주로 등장합니다. 마치 『여울물 소리』에서 보던 서사 방식을 보는 듯합니다. 『여울물 소리』가 동학혁명(갑오농민전쟁)의 이야기를 이신통이란 인물을 통해서 전개하는 듯하지만, 실제로 이 이야기를 전달하고 작품을 서술하는 것은 박연옥이라는 여성 화자인 것처럼 말입니다.

앞에서 언급했듯이 인천은 철도의 도시로서 경인철도와 수인선의 등장으로 도시의 구조와 성격이 많이 달라집니다. 그 일단이 『철도원 삼대』에도 잘 반영되어 있습니다. 앞서 말했듯 인천은 철도와 인연이 깊은 도시인데요, 한국 최초의 추리소설이자 최초의 철도문학이라 할 수 있는 이해조의 『쌍옥적』(1908)이 인천과 경인철도를 배경으로 시작될 정도입니다.

김주사가 친교를 듣고 윤선輪船 출발하는 시간에 맞춰 인천을 통해 목포로 내려갔다. (…) 새벽배로 되돌아오니 그 비밀스런 내용을 알 사람은 쥐도 개도 없을 듯하더라. 김주사가 인천항에서 배를 내려 경인철도로 막차를 타고 남대문밖 정거장에 당도하여 여러 승객이 분분이 내려가는데(…)

이인직과 함께 한국 신소설의 새 장을 연 이해조는 정탐소설 『쌍옥적』으로 한국추리소설의 시작을 알렸을 뿐만 아니라 근대 도시 인천, 특히 증기선과 경인선으로 목포-인천-서울이 하나의 광역 교통망으로 연결되는 상황을 잘 보여주고 있습니다. 인용한 대목은 인천-서울을 연결하던 우리나라 최초의 철도 경인선에서 김주사가 돈가방을 괴한들에게 탈취당하고 돈가방을 잃어버렸다는 사실을 자각하는 부분입니다.

이해조, 『쌍옥적』, 보급서관, 1911.

이밖에도 인천 특히 경인선이 등장하는 소설이 있는데 그것은 바로 주요섭의 장편소설 『구름을 잡으려고』로서 1935년에 발표되었습니다. 국민소설 「사랑방 손님과 어머니」로 유명한 주요섭은 『구름을 잡으려고』에서 경인선의 또 다른 본질과 이면을 날카롭게 그려냅니다. "제물포—그것은 조선이 열어놓은 출입문의 하나였다. 그리고 그것은 위험한 출입문"이라는 대목이 그러한데, 그의 말마따나 경인선을 통해 일제는 단숨에 조선을 집어삼키며 내처 한일병탄으로까지 내달았던 것입니다. 철도부설권 곧 공간의 지배권을 내준 대한제국은 결국 나라까지 내주며 역사의 무대에서 사라지게 됩니다. 사실 철도는 근대문명을 열고, 근대사회의 발전을 이끈 근대의 견인차이면서 동시에 제국주의적 침탈의 상징이기도 하고, 자연적 공간을 폭력적으로 해체하고 재구성한 문명의 폭력이라는 또 다른 면모를 가지고 있기도 합니다.

그런데 『철도원 삼대』는 여기서 한발 더 나아가 철도가 단순히 근대의 견인차, 제국주의적 침탈의 상징이라는 차원을 넘어서 민중 저항의 상징이며 무대이기도 했음을 보여줍니다. "노동투쟁은 원래가 이씨네 피에 들어있다. 너 혼자 호강하며 밥 먹자는 게 아니구, 노동자 모두 사람답게 살아보자 그거 아니겠냐."(110쪽)는 이진오의 모친 윤복례의 말이 이를 잘 보여줍니다. 이씨 가족 중에서 투쟁의 대오 맨 앞에 선 이는 이일철의 동생 이이철입니다. 이버지 이백만의 뒤를 이어 보통학교를 졸업하고 인근 철공장을 거쳐 철도공작창 인부로 들어가더니 조선공산당에 입당, 이른바 '주의자主義者'가 됩니다. 그는 독서회에서 활동하는 한편, 영등포 조직(적색노조)의 연락 책임자가 되는데, "영등포는 서울에서 운동의 중심지이자 지하조직의 근거지"(167쪽)가 되었고, 그것은 이곳이 공업지대인데다가 철도교통망으로 전국에 걸쳐 연결되어 있었기 때문입니다. 그리고 형 이이철이 견습조수의 딱지를 떼고 경인선에 배치되는 시점에 이이철은 조직(오르그)의 핵심으로 성장하더니 일제의 검거망을 피해 인천에 자리(368쪽)를 잡게 됩니다. 두쇠, 이이철을 비롯한 활동가들이 청춘남녀의 데이트를 가장해 만난 곳은 웅봉산 즉 지금의 자유공원인데 예전에는 만국공원이라 불리기도 했지요. 잠깐 인천이 언급된 대목을 살펴보겠습니다.

이이철의 거처는 쇠뿔고개 부근이었고, 김근식의 동네는 배다리사거리 지나 공장들이 늘어선 곳에 있었다. (…) 경성에서 모셔올 선생(박헌영-인용자 주)의 거처는 예전 밤나무골 율목정에서 찾아보기로 했다. 율목정에는 인천항에서 돈깨나 벌었다는 상인들이 기와집 동네를 이루어 새말이라고 불렀으니, 만국공원 일대에 일본 부촌이 있다면 조선인 부촌은 율목정인 셈이다.(485~486쪽)

이런 대목만 보아도 『철도원 삼대』가 얼마나 치밀한 자료 조사와 취재를 통해 쓰인 작품인지 알 수 있고, 그동안 지역사 연구에서도 잘 알려지지 않았던 인천 지역사가 생생약동 살아 있습니다.

작품에서는 철도원 가족사를 중심으로 한국노동운동사, 공산주의운동사가 디테일하게 전개됩니다. 그리고 고공농성 중이던 이진오가 농성을 끝내고 구금되었다 한 달 만에 석방되고, 다음과 같은 대화를 나누며 소설은 끝납니다. 삼대, 사대를 지나도 엄혹한 노동현실은 여전히 그대로이며, 여기에 굴복하지 않겠다는 그런 뜻이겠지요.

"다시 올라가자. 이번엔 내가 올라가겠어."(612쪽)

5 / 새로운 철도시대, 철도문학을 꿈꾸며

요즘은 코로나19로 친구들이나 가족들을 잘 만나지 못하니, 그 아쉬움을 밴드와 카톡 같은 SNS로 자주 소통하고 안부를 주고받습니다. 일이 바빠서 확인을 못하면 어느새 수십 개, 아니 백여 개가 넘는 문자가 와 있을 때도 있어 확인하는 일도 힘들고 댓글과 답신을 하는 것도 벅차고 귀찮을 때가 있습니다. 그래도 이런 문자가 있어 외롭지 않고 가끔은 위로와 유용한 정보를 받기도 하고 생활 속에서 작은 깨달음을 얻기도 합니다. 최근 지인에게 받은 톡 가운데 이런 명언이 있어 소개할까 합니다. "아침에 잠을 자는 사람은 꿈을 꾸지만, 아침에 깨어있는 사람은 꿈을 이룬다." 참 멋진 말입니다. 『철도원 삼대』를 보면서 문득 이런 생각이 들었습니다. 작가는 꿈을 꾸는 존재지만, 독자야말로 그 꿈을 이루는 존재요, 주체라는 것입니다.

다 함께 잘 사는 세상, 기후변화 같은 환경오염이나 빈익빈 부익부라는 인간이 만든 제도를 넘어서 모두가 행복한 대동 세상은 정말 불가능한 것인가. 그리고 이런 꿈을 품고 있으면 정말 불온한 주의자가 되는 것일까, 이런 생각을 해봅니다.

이 글을 처음 시작할 때 철도와 근대에 대해서 언급했던 것을 기억하시지요. 이제 처음에 제기했던 문제로 돌아가 생각을 정리하는 것으로 이 두서없는 철도여행을 마무리하려고 합니다. 생각하면 할수록 근대는 정말 놀라운 시대입니다. 문명·인권·과학기술·사회·제도 등등 여러 면에서 이전 시대의 인간이 경험하지 못했던 놀라운 진보를 이룩한 시대이기 때문입니다. 보수파 정객들이 전가의 보도처럼 휘두르는 자유민주주의도 사실 그 이전 시대의 인간들이 누릴 수 없던 역사적 진보임에 틀림이 없습니다. 그러나 자유민주주의는 매우 불완전한 제도요, 이념입니다. 왜 그럴까요? 자유민주주의는 과거 시대에 비하면 비교의 대상이 없을 만큼 눈부신 진보를 이룩한 것이나 근대 부르주아가 창안해낸 이념이며 개념이기 때문입니다. 요컨대 자유민주주의는 법 앞의 평등과 정치적 평등만을 일반 시민과 대중에게 허용해주었을 뿐 경제적 평등을 배제하고 행복한 삶을 살 권리에 대해서는 침묵함으로써 빈익빈 부익부를 가속화하고 또 기득권 계급과 소외 계급 사이에 넘을 수 없는 장벽을 세워 두고 있기 때문입니다. 근대자본주의의 대안으로 부상한 사회주의는 이런 정치적 평등과 경제적 불평등 사이의 간극을 비집고 들어온 이념입니다. 그 지향과 진정성은 유효하지만, 현실사회주의는 실패했고 어떤 점에서 근대 자본주의의 대안이기보다는 또 하나의 근대가 아닌가 하는 의구심을 받고 있습니다.

 이백만 삼대가 제국주의·분단체제·노동자의 권리를 위해 투쟁을 벌였지만, 이 근대의 틀과 패러다임에서 벗어나 새로운 전망을 보여주고 있는 것은 아닙니다. 대를 이어 증손인 이진오 세대에 이르기까지 지속되는 어렵고 힘겨운 노동자로서의 혹독한 삶과 현실에 저항할 뿐 어떻게 하자는 것은 없습니다. 우리의 큰 착각의 하나는 경제를 성장시키고, 제도를 바꾸고, 과학기술을 발전시키면 인간이 해방되고 행복하고 자유로운 삶을 살 수 있을 것으로 생각하지만 그것은 상대적으로 그러할 뿐 진정한 행복과 자유로 이끌 수는 없습니다. 여기서 서구 중심의 개화적 근대와 우리 고유의 사상인 개벽적 근대가 갈립니다. 개벽적 근대의 관점에서 보면 사물인터넷이니 인공지능이니 메타버스니 하는 산업혁명은 생활의 편리와 경제적 가치에 중점을 둔 것이지 현재의 제도와 인류세Anthropocene를 넘어설 참다운 대안은 아닙니다. 대안은 제도를 바꾸고 과학기술을 혁신하는 것이 아니라 우리의 생각과 행동과 삶의 양식을 바꾸는 마음의 대전환에서 찾아야 합니다.6
　인간의 마음과 생각을 배제한 문명론과 과학기술론은 모두 공염불될 가능성이 높기 때문입니다. 사실 인간중심의 사고가 얼마나 위험합니까. 지구환경을 오염시키고, 수많은 생명체를 위기에 빠뜨리지 않았습니까? 인간만 하늘人乃天이 아니라 세상의 모든 만물이 하늘萬有卽天이요 주인이라는 사고, 즉 인본주의人本主義에서 은본주의恩本主義로 나가야 합니다. 문명전환에 앞서 생각의 대전환이 중요롭습니다. 『철도원 삼대』를 보면서 근대를 넘어설 새로운 대안 '개벽적 근대', '정신개벽情神開闢論' 같은 우리 고유의 변혁사상들에 대해서 다시 한번 생각해보게 됩니다. 인간중심, 나 중심의 사고를 넘어서 세상의 만물을 중심으로 보는 국한 없는 큰 생각으로 나갔으면 합니다. 인천이 철도의 발상지가 아니라 새로운 문명의 발상지, 마음혁명의 시발점이 되었으면 하는 바람을 가져봅니다.

6　조성면, 「인류세(人類世) 문명의 대전환은 가능한가」, 『경인일보』 2022.1.26.

기차를 노래한 시편 ❹

경인팔경京仁八景

고유섭

효창원孝昌園 춘경
노각老閣은 붉을시고 고림古林만 검소와라
종다리 높이 뜨고 신이화莘荑花 만산滿山토다
혼원渾圓이 개춘색皆春色커늘 엇지타 나만 홀로

한강漢江 추경
산청산靑山엔 벽수碧水 돌고 벽수碧水엔 백사白沙일세
유주遊舟는 풍경風景 낚고 백구白鷗는 앞뒤 친다
아마도 간간間間한 홍엽단풍紅葉丹楓이 내 뜻인가 하노라

오류원두梧柳原頭 추경
어허 이해 넘것다 서산西山에 자기紫氣 인다
유수流水만 기러지고 마량초馬糧草 백파白派진다
어즈버 이 산천山川에 이내 마음 끝 간 데를 몰라라

소사도원素砂桃園 춘경
양춘陽春이 포덕布德하니 산장山莊도 붉을시고
황조黃鳥의 우름 소래 새느냐 마느냐
곁에 님 나를 보고 붉은 한숨 쉬더라

고유섭(1905~1944)은 인천 출생으로 1920년 경성 보성고등보통학교에 입학해 인천에서 경성까지 통학하면서 '경인기차 통학생 친목회' 문예부 회원으로 활동했다. 여덟 편의 연시조로 경성제국대학 예과 1학년 재학 중 발표한 시다.

부평富平 하경
청리靑里에 백조白鳥 나라 그 빛은 학학鶴鶴할시고
허공중천虛空中天에 우줄이 나니 너뿐이도다
어즈버 청구靑邱의 백의검수白衣黔首 한恨 못 풀어 하노라

염전鹽田 추경
물빛엔 흰 뫼 지고 고범孤帆은 아득하다
천주天柱는 맑게 높아 적운赤雲만 야자파也自波를
어즈버 옛날의 뜻을 그 님께 아뢰고져

북망北邙 춘경
주접몽周蝶夢 엷게 치니 홍안紅顔도 가련可憐토다
춘광春光이 덧없은 줄 넨들 아니 짐작斟酌하랴
그 님아 저 건너 황분荒墳이 마음에 어떠니

차중車中 동경
앞바다 검어들고 곁 산山은 희어진다
만뢰萬籟가 적요寂寥컨만 수레 소리 요란하다
이 중에 차중정화車中情話를 알려 적어 하노라

— 「경인팔경京仁八景」(『동아일보』 1925.12)

> 기차를 노래한 시편 ❺

길에서-제물포 풍경

김기림

기차
모닥불의 붉음을
죽음보다도 더 사랑하는 금벌레처럼
기차는
노을이 타는 서쪽 하늘 밑으로 빨려 갑니다.

인천역
메이드 인 아메리카의
성냥개비나
사공의 포켓에 있는 까닭에,
바다의 비린내를 다물었습니다.

조수潮水
오후 두시……
머언 바다의 잔디밭에서
바람은 갑자기 잠을 깨어서는
휘파람을 불며 불며
검은 조수의 떼를 몰아가지고
항구로 돌아옵니다.

김기림(1908~ ?)은 함북 학성 출생으로 1930년대 모더니즘 운동의 대표적 이론가이기도 하다. 인천에 와서 본 근대의 풍경을 여덟 편의 연작시에 담았다. 이 시는 현대적 표기법으로 재출간한 열린책들 한국시집 초간본 100주년 기념판 『태양의 풍속』에 실린 전문이다.

고독
푸른 모래밭에 자빠져서
나는 물개와 같이 완전히 외롭다.
이마를 어루만지는 찬 달빛의 은혜조차
오히려 화가 난다.

이방인
낯익은 강아지처럼
발등을 핥는 바닷바람의 혓바닥이
말할 수 없이 사롭건만
나는 이 항구에 한 벗도 한 친척도 불룩한 지갑도 호적도 없는
거북이와 같이 징글한 한 이방인이다.

밤 항구
부끄럼 많은 보석 장사 아가씨
어둠 속에 숨어서야
루비 사파이어 에메랄드……
그의 보석 바구니를 살그머니 뒤집니다.

파선破船
달이 있고 항구에 불빛이 멀고

축대 허리에 물결 소리 점잖건만
나는 도무지 시인의 흉내를 낼 수도 없고
바이런과 같이 짖을 수도 없고
갈매기와 같이 슬퍼질 수는 더욱 없어
상한 바위틈에 파선과 같이 참담하다.
차라리 노점에서 임금林檎을 사서
와락와락 껍질을 벗긴다.

대합실
인천역 대합실의 졸린 벤치에서
막차를 기다리는 손님은 저마다
해오라기와 같이 깨끗하오.
거리에 돌아가서 또다시 인간의 때가 묻을 때까지
너는 물고기처럼 순결하게 이 밤을 자거라.

— 『태양의 풍속』(학예사, 1939)

철도원 삼대, '버드낭구집' 이야기

김경은 소설가

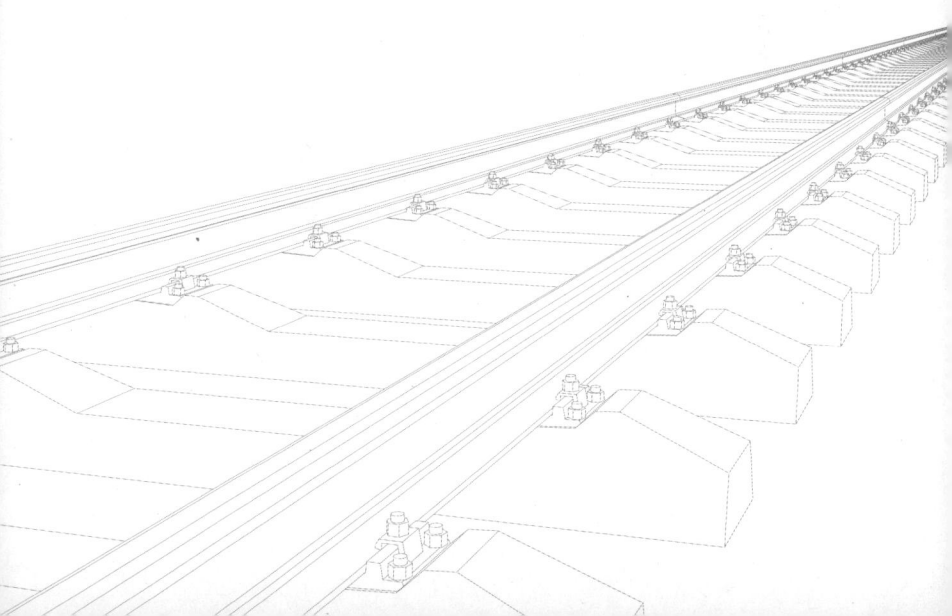

1 프롤로그

제물포는 오두막집들이 즐비한 작은 도시였고 정박지의 막다른 길 안쪽에 자리 잡고 있었다. 수심이 얕고 수로가 좁으며 물이 깊지 않은 곳이 여러 군데 있는 까닭에 접근하기가 어려웠다. 도시 그 자체로는 전혀 매력이 없었기 때문에 경비정을 타고 이곳 제물포로 온 장교들은 몇 달씩 포구에 발을 디디지 않았다.[1]

뮤지컬 〈오페라의 유령The Phantom of the Opera〉 원작자로 알려진 가스통 르루Gaston Leroux가 묘사한 1904년 인천항의 풍경이다. 그는 《르 마탱》지의 저널리스트로 활동하면서 수에즈운하에 묶인 오스트랄리앵호에 몰래 승선해 러·일전쟁 참전 수병들을 취재한 내용으로 제물포를 묘사했다. 배를 띄우고 그물을 던지며 때맞춰 물질하던 주민들의 쉼 없는 삶이 이어지던 그곳은 외부인에게 그렇게 포착된다. 1883년 개항 당시 '한적한 포구에 지나지 않았'던 인천 풍경의 자세한 버전이다.

서울과 가까운 해안 포구는 개항을 계기로 빠르게 변해간다. 1899년 경인철도가 놓이고 1918년 인천항 갑문이 완공되었으며 근대도시의 면모를 갖춰 나간다.

---

1 가스통 르루, 『러일전쟁, 제물포의 영웅들』, 이주영 역, 작가들, 2006, 68쪽.

밤이 가까울수록
성조기가 퍼덕이는 숙사宿舍와
주둔소의 네온사인은 붉고
정크의 불빛은 푸르며
마치 유니언잭이 날리던
식민지 항항香港의 야경을 닮아간다

조선의 해항海港 인천의 부두가
중일전쟁 때 일본이 지배했던
상해의 밤을 소리 없이 닮아간다

— 박인환, 인천항 부분2

1900년대 인천항(출처 : 인천시청 홈페이지)

1940년대 인천항(출처 : 인천시청 홈페이지)

2　월간지 『신조선』 발표(1947. 4).

1947년 박인환이 그린 인천항은 이국의 도시로 변해 있었다. 도시는 불빛과 네온사인을 밝히며 시선을 끌어 성조기와 유니언잭이 날리는 정박지 땅을 밟게 한다.

인천은 근대도시의 신화가 되었으며 해양도시라는 지리 조건이 여기 기여했다.

2 해양신화의 근대성과 인천

『철도원 삼대』는 삼대에 걸친 철도원 가족의 이야기로 한국의 근현대를 관통한다. 식민지 근대도시 인천을 이처럼 잘 보여주는 소설도 없을 것이다. 큰할아버지—이 집안에서는 증조할아버지를 이렇게 불렀다—이백만의 아내 주안댁은 식민지시대에 소용돌이치는 집안을 든든히 받친다. 호칭이 알려주는 것처럼 '주안댁'은 스스로를 '제물포 갯것'이라 했다. 물과 친한 주안댁은 을축년(1925년) 대홍수에 활약하며 그녀의 정체를 천지사방에 소문낸다. 떠내려오는 수박이며 참외, 오이 등속의 과일과 돼지 열 마리를 포획해 높은 데로 피신한 수재민들을 먹여 살린다. 위험에 처한 남편을 살리느라 뗏목을 만들어 타고 표표히 영등포 공작창으로 노 저어가 구해내기도 한다.

결혼과 함께 남편을 따라 영등포로 진출한 주안댁은 이처럼 철도와도 긴밀히 연관된다. 소설의 기둥이라 할 열차는 근대의 상징이며 철도는 근대국가의 근간이었다.

> 1. 철로는 굽으면 쓰지 못하고, 비탈진 언덕을 오르내리기도 쉽지 않으며, 시냇물을 건너지도 못한다. 그러므로 길을 만들 때에는 반드시 곧게 하고, 작은 언덕은 깎아서 평평하게 하며, 큰 산악은 밑을 뚫어서 백 리까지 가기도 한다. 바닷가에 물이 들어와 깎인 땅은 둑부터 만들고 그 위에 오가는 길을 만들며, 강을 만나면 철교나 나무다리를 만든다.[3]

---

3 유길준, 『서유견문』, 허경진 역, 서해문집, 2004, 492쪽.

2. 양편은 모두 유리로 막았는데, 장식이 찬란하여 눈을 부시게
한다. 차車마다 모두 바퀴가 있어 앞차에 화륜火輪이 한번 구르
면 여러 차車의 바퀴가 따라서 구르게 되는데 천둥 번개처럼 달
리고 비바람처럼 날뛰어, 한 시간에 삼사백리三,四百里를 달린다
고 하는데도 차체는 안온安穩하여 조금도 요동하지 않는다. 다
만 좌우左右에 산천山川, 초목草木, 옥택屋宅, 인물人物만이 보이기
는 하나, 앞뒤에서 번쩍번쩍하므로 도저히 걷잡을 수가 없다.
담배 한 대 피울 동안에 벌써 신교新橋에 도착되니, 곧 90리 길
을 온 것이다.4

서양문물을 경험한 유길준이나 그 문물을 먼저 받아들인 일본을
둘러보고 온 김기수 모두 그들이 접한 선진문물 기차와 철로를 자세
히 말한다. 1의 『서유견문』에서 유길준은 환경을 개조하며 건설하는
과정을 설명해 철로의 특성을 소개한다. 그런가 하면 2의 「일동기유
日東記遊」에서 김기수는 생김새와 압도하는 속도로 기차를 묘사한다.
유길준의 『서유견문』은 1895년 세상에 나왔으며 「일동기유」는 1876
년 강화도조약을 체결하던 해에 김기수가 사절단 76명을 이끌고 일
본을 다녀와 쓴 견문기다. 그들이 파악한 근대문명의 아이콘은 단연

---

4 김기수, 「일동기유」, 이재호 역, 『국역 해행총재 속편』 X, 민족문화추진회, 1977,
63쪽.

철도와 열차였다.

『철도원 삼대』에서 집안의 큰할머니大母가 해양도시 인천 출신이라는 사실은 우연이 아니다. 큰할머니 주안댁은 철도공작창 기술노동자의 아내가 되어 기관사와 기술노동자를 아들로 두었다.

신화는 사람이 사물로 둘러싸인 지역과 맺은 관계, 즉 환경을 말해준다. 인천에는 무인도와 유인도를 합한 섬 168개가 있다. 바다와 섬을 낀 인천은 이러한 환경을 얘기하는 신화를 품었다.

서해 덕적군도에는 선단여라는 섬이 있다. 여嶼는 물속에 잠겨 있는 바위로 섬 주민들은 바위섬을 그냥 '여'라고 부른다. 기둥처럼 나란히 떠 있는 세 개의 바위섬 선단여는 사람들의 시선을 끌며 많은 사연이 붙었다. 그 가운데는 풍요를 기원하는 대모신 이야기도 있다. 선단여는 부근에 사는 망구할매가 오줌 눌 때 쓰는 봇돌이라는 것이다. 봇돌은 치마폭에 흙을 담아 나르며 선접산을 쌓다가 무너지자 홧김에 주먹으로 내리쳐 생겨났다. 이때 흙이 사방으로 흩어지며 섬이 되었다. 거대한 망구할매가 매일 오줌을 누는 덕에 덕적도 근방의 바다는 마르지 않고 고기가 풍부한 어장으로 유지될 수 있었다고, 섬 주민들은 할매에게 공을 돌린다. 망구할매는 이곳을 개울처럼 찰방거리며 돌아다녔다. 풍도골은 제법 수심이 깊어 한참을 놀다 허리를 펴면 중우 단속곳에 새우가 가득 차더란다. 인천에서 아래로 내려가다 보면 바다로 돌출한 충남 황금산이 있고 망구할매는 여기

황금산에다 속곳을 넌다.5

거녀신 이야기는 제주도 신화에 비교적 온전한 형태로 남아 있다. 설문대할망이 앞치마로 퍼 나른 흙이, 뚫린 앞치마 구멍으로 흘러 360개의 오름이 되고 마지막으로 부은 곳은 한라산이 되었다는 이야기다. 설문대할망이 얼마나 거대한지 알려주는 에피소드가 있다. 한라산을 베개 삼아 누우면 뻗은 다리가 제주 북쪽의 관탈섬에 닿았다. 관탈섬은 제주해안에서 21㎞ 거리에 있다. 할매는 두 다리를 바닷물에 담그고 한라산에 엉덩이를 붙이고 빨래했다. 이때 엉덩이를 찌르는 뾰족한 정상이 걸리적거려 떼어버렸고 그 꼭지를 던진 곳에는 산방산이 솟았다. 음부로 멧돼지 일곱 마리와 사슴 열 마리를 잡아먹어 허기를 채웠다는 얘기는 거녀신의 대식성과 다산성을 드러낸다. 오줌을 누어 마을을 잠기게 하고 바닷물을 마르지 않게 한다는 신화소와 같은 결이다.6

---

5 인천도시인문학센터, 김현기 구술자의 '선단여와 망구할매 설화', 52-53쪽(미발간 자료로 도시인문학센터에서 열람했다. 또 황해섬네트워크 창립 멤버인 이세기 시인은 고향 덕적군도에서 들으며 자란 '망구할매 이야기'를 필자가 동 조직에서 활동할 때 여러 번 들려주었다).
'선단여와 망구할매 이야기'는 김창수 박사의 블로그https://blog.naver.com/PostView.nhn?isHttpsRedirect=true&blogId=kimcs107&logNo=220576200293 참조.

6 허남춘, 「설문대할망과 여성신화」, 『탐라문화』 vol.-no.42, 제주대학교 탐라문화연구소, 2011, 114-116쪽.

대모신 또는 대지모신은 대지와 자연을 의미하는 왕성한 생식력과 생산력을 거대한 체구로 표현한다. 그리스의 가이아나 중국의 여와도 이러한 대모신이며 신은 물론 인간과 동물, 만물을 낳은 어머니로 가부장제가 확립되기 전의 주류 신화였다.

선단여와 굴업도(출처: 옹진군청 홈페이지)

한편 인천에는 망구할매의 무대 외에 해양신의 존재를 믿게 하던 장소가 있다. 서해 최북단 섬 백령도와 장산곶 사이는 불과 15㎞ 거리밖에 안 되는 물살 거센 해역으로 인당수로 지목된다. 풍랑 잦은 이곳은 해신이 거주하는 신지神池였으며 이러한 믿음이 『심청전』의 주요 모티프로 해신제(인신공희人身供犧)를 채택하게 한다. 연꽃이 핀 인당수는 연화세계蓮花洋이므로 심청을 환생시킨 용왕뿐 아니라 바다 위에 뜬 연꽃봉오리 속 심청도 해신이 된다.7 이렇게 시대의 상식을 반영한 『심청전』은 개인의 성과가 아니라 적층문학積層文學으로 탄생하며 대중의 사랑을 받았다.

해양의 주민들은 언제나 거기 있는 바다를 오가며 해양신을 의식

---

7 송화섭, 「『심청전』 인당수의 민속학적 고찰」, 『역사민속학』 vol.-no.25, 한국역사민속학회, 240쪽.

하고 살아왔고 신화는 그리고 문학은 이를 반영한다. 바다를 끼고 근대 신화를 이룩했으므로 인천의 해양신화는 근대성을 지녔다 할 수 있다. 그런 의미에서 '갯것' 주안댁이 철도원 집안의 시조인 이백만에게 시집가 자손을 보존한 것은 어찌 보면 필연이다.

3. 근대의 상징, 철도와 축항

주안댁은 염부의 딸이었다. 체구가 작고 다부진 그녀의 아버지는 우리나라 최초의 염전인 주안염전에서 일했다. 이백만 아버지를 조문 온 그는 훗날 이백만 형제들에게 '만이 아저씨'로 통했다. 만이 아저씨는 미래의 사위 이백만을 꾀어내 술을 먹이고는 속여서 딸과 결혼시킨다. 딸과 함께 작당했는지까지는 밝혀지지 않았지만 인사불성 사내가 있는 방에 딸을 집어넣었으니 작당이 아니라고 할 수도 없다. 여기까지 보면 해모수에게 딸려 보내려고 술 취한 해모수와 유화를 같은 공간에 집어넣은 딸 가진 아버지 하백河伯의 행실을 닮았다. 하백은 하천의 신이고 만이 아저씨는 염부이니 둘 다 물과 관련 있다.

닦달하는 소리에 새벽 댓바람 깨어난 이백만은 생전 처음 본 여자를 책임지라는 말에 고분고분 따른다. 훗날 장인은 요즘 세상에 기술을, 그것도 철도기술을 가진 사위가 탐나서 꾸민 수작이라고 고백한다. 저보다 큰 체구의 사람도 제압하는 만만히 볼 수 없는 장인이 파악한 세상 최고의 가치는 철도 관련 기술이었다. 아무튼 여투어둔 돈을 내어준 장인의 도움으로 직장 근처 영등포에 집을 얻었으니 하백의 딸, 아니 만이 아저씨의 딸 주안댁도 서울로 진출하게 된다. 주안댁의 서울 입성은 경인선이 놓이고 바다를 통과한 물류가 어떻게 뻗어나갔는지를 상징한다. 주안댁은 유화柳花를 연상시키는 '버드낭구집'에 살았다. 생선장사를 하느라 인천과의 인연을 이어가며 열차로 들락거렸으니 집 안엔 갯비린내가 진동했다. 버드나무집은 조선 어디에나 있던 여염집으로 장삼이사에겐 익숙해서 안심되고 안심돼서 정겨운 일반명사 같은 이름이자 장소였다.

신화가 자연스러운 것은 거주민의 상상력이고 거주민의 상상력이란 이미 거기 있어온 환경에서 말할 수 있는 이야기들이기 때문이다.[8] 『철도원 삼대』가 가진 이야기의 힘도 사람들이 상상할 수 있는 이야기 구조, 즉 신화의 내러티브를 넘나드는 데서 비롯한다. 따라서 작품에서 주안댁이 발휘하는 영향력은 등장하는 양에 비례하지 않으며, 주안댁을 구성하는 요소들(출신 도시의 성격이라든지 신체적 특징, 철도원 집안의 시조가 되어 4대 후손에게 전승된다든지)은 작품 전면에 깔린 배경이자 집단 무의식으로 작용하는 신화와 같은 역할을 한다. 그것은 한 번 더 강조하면, 해양도시 인천이 지닌 근대성으로 축항과 철도로 구현된다.

근대문명의 아이콘 열차는 뤼미에르 형제가 상영한 세계 최초의 영화 〈기차의 도착〉(1895)에도 등장한다. 역으로 들어오는 장면을 보며 관객들이 혼비백산 흩어졌다는 일화는 문명 충격의 사례로 유명하다. 그러나 우리에게 근대는 이식된 제도였으며 문명 충격을 넘어 식민지 고통으로 오랜 세월 이어진다.

옥년의 눈에는 모다 처음 보는 것이라 항구에는 배돛대가 삼때 드러서듯 하고 져자거리에는 이칭 삼칭 집이 구름 속에 드러가듯 하

---

[8] 오귀스탱 베르크, 『외쿠메네』, 김용권 역, 동문선, 2007, 43쪽. "신화는 사물들 자체가 자신들의 환경인 그 환경 속에서 말하는 무엇이다."

고 진예갓치 긔여가는 긔차는 입으로 연긔를 확확 뿜으면셔 배에
는 쳔동지동하듯 구르며 풍우갓치 다라난다 널꼬든 길에 갓다왓
다하는 인력거 박쾌소리에 정신이 업는데9 (강조 필자)

기차는 입으로 연기를 뿜으며 지네같이 기어가고 배는 하늘과 땅
을 울리며 비바람같이 달아난다. 최초의 신소설『혈의누』(1906년)에도
어김없이 등장하는 문명 충격 장면이다. 옥련이 오사카항에 내려 목
격한 광경은 1918년 갑문이 완공된 이래 인천의 풍경이 된다. 십여
년이 지나고 강경애의『인간문제』(1934년)에는 이렇게 그려진다.

조선의 심장지대인 인천의 이 축항은 전 조선에서 첫 손가락에 꼽
힐 만큼 그 규모가 크고 또 볼 만한 것이었다. 축항에는 몇천 톤
이나 되어 보이는 큰 기선이 뱃전을 부두에 가로 대고 열을 지어
들어서 있었다. 검은 연기는 뭉실뭉실 굵은 연돌 위로 피어 올라
온다.10 (강조 필자)

하역노동을 나간 지식인 신철은 인천항을 바라보며 상념에 잠긴
다. 인천항은 '조선에서 첫 손가락에 꼽힐 만큼 그 규모가 크고 볼

---

9 이인직,『혈의누』, 광학서포, 37쪽, 1908(『한국개화기문학총서1-신소설·번안(역)
   소설1』, 아세아문화사 영인본, 1978).
10 강경애,「인간문제」, 이상경 편,『강경애 전집』, 소명출판, 1999, 335쪽.

만' 했다. 부두 하역을 비롯해 정미소, 방적공장, 성냥공장, 간장공장, 칠강소 등으로 일거리를 찾아 전국에서 몰려든 노동자와 노동자를 조직해 일본제국주의에 대항하려 티 안 나게 스며든 활동가들 그리고 미두꾼, 매축업자까지 온갖 사람들이 밀려드는 도시로 탈바꿈한 것이다. 요시다(吉田秀次郎, 금융업·정미업·운수업·창고업), 리키다케(力武嘉次郎, 力武물산주식회사), 가토(加藤平太郎, 加藤정미소) 같은 기업인, 틈새를 노리며 막강한 일본 자본가에 맞서는 조선의 자본가들, 생활전선에 뛰어든 사람과 한탕을 꿈꾸는 협잡꾼, 잘못된 세계질서를 잡으려는 활동가, 기회의 땅 식민지 이주를 독려받아 건너온 일본 거류민, 번화한 도시와 함께 번성하는 술집, 숙박지, 극장, 유곽 같은 오락, 유흥가에 종사하는 사람들까지 온당하거나 불온한 활동이 한데 뒤엉켜 돌아갔다.

인천은 '조선의 심장지대'로 발돋움하며 한적한 포구에서 폐활량 큰 국제도시로 탈바꿈했다. 인천을 잘 아는 주안댁은 철도공작창 직원의 아내로 머물지 않고 생선을 떼어다 팔며 자신의 본분을 유지했다.

4 국내파 활동가들의 장소

철도가 산업사회를 연 근대의 상징이라면 전근대사회에서 경제를 움직인 교통수단은 무엇이었을까?

철도원 집안 이대손이던 두쇠 이이철은 김근식의 주선으로 인천에 자리 잡고 활동한다. 그는 두 번이나 '중요한 분을 모시는 일'에 참여해 안내자 역할을 한다. 한번은 배편을 이용해 박헌영을 서울에서 인천으로 옹위해 데려오고 또 한번은 경의선 특급열차 기관사인 형의 도움을 받아 신의주에서 경성으로 '김선생'을 안내했다. 배를 이용해 인천에 올 때는 마포나루에서 해 질 무렵 승선해 이튿날 새벽, 강화 대명 포구를 거쳐 영종도 앞바다로 나왔다. 열차를 탈 때는 먼저 어선을 이용해 연평도 연안까지 갔다가 강화도 건너편 갯가에 닿아 개성에서 승차한다.

당시는 전근대 교통의 근간이던 수로가 근대 교통의 상징인 철도와 공존하던 시기였다. 세곡운송과 결합한 경강京江은 18세기 들어서며 전국의 상업중심지로 발전했다. 경강은 서울을 중심으로 흐르는 한강을 통칭하며 3강, 5강, 8강으로 점차 권역이 확대된다. 경강수운의 중심지이던 3강은 남산 남쪽에서 노량까지를 한강이라 했고, 그 서쪽에서 마포까지를 용산강, 다시 서쪽으로 양화나루까지를 서강이라 했다. 18세기 중엽 뚝섬 근처와 송파진으로 추측되는 5강으로 확대되고, 19세기에는 8강까지 확대된다. 마포는 세곡운송 중심이던 용산과 달리 상품유통의 거점 역할을 했다. 마포에서 이어지던 서강, 망원, 합정 역시 포구였으며 경강이 확대되는 19세기까지 항로

서울 남서쪽의 관문 마포(삼개)나루 (출처: 한겨레신문)

정비사업이 이뤄지고 전국이 해상교통로로 연결되던 것이 서서히 철도에 자리를 내주게 된다.11

철도는 식민지기에 경제활동을 이끌며 교통수단으로 자리잡았으나 그 한편으로는 여전히 수운교통이 경제의 한 축을 담당하며 기층민의 경제기반으로 작용했다. 한강으로 곡물이 유입된 이래 거래량은 철도망의 부설에 따라 지역 편차를 보였으나 경춘선이 운행되는 1940년 이전까지는 거래가 매우 광범위하고 활발했으며 마포 일대 포구에서는 주로 소금과 어물, 일용잡화를 교환했다.12 마포는 '새우젓 도가'로 이름을 날렸고 연평도나 황해도에서 조깃배를 몰고와 중매인에게 넘기면 며칠씩 놀다 가는 사람들, 지게꾼, 목도꾼으로 북적였다. 한강변 포구경제에 속한 사람들은 '나루를 뜯어먹고 사는 사

---

11 고동환, 「포구상업의 발달」, 한국사 시민강좌 19, 일조각, 1991, 43-48쪽.
12 권혁희, 「1900~1960년대 한강수운의 지속과 한강변 주민의 생활」, 『한국학연구』 vol.44 no.-, 고려대학교 한국학연구소, 2013, 11쪽.

람들'로 불렸다.13 한강 밤섬에서 만든 안강망 어선은 조깃배로도 사용했고 때로는 밤섬에서 인천과 강화도 지역으로 나가 배를 만들거나 수리해 돌아왔다.14

　이상에서 본 것처럼 식민지 경제구조가 바뀌는 데 따라 직업변동은 있지만 기층민의 생업 환경이 완전히 변하지는 않았다. 물 샐 틈 없는 감시와 탄압을 피해 거의 모든 독립운동가가 중국으로 러시아로 망명하던 1930년대에도 국내에 남아 활동한 사람들의 근거지는 이 속에, 기층민의 생활권에 있었다. 영등포 방직공장에서 활동하던 방우창의 거처는 마루보시丸星 사택이 있던 염리동이었으며, 마포나루로 전국의 소금배가 모여들어 소금장수가 많이 살던 곳이기도 하다. 한편 인천으로 이주한 박헌영의 아지트는 반찬가게와 노동자들의 숙박지가 있는 율목리에 있었다. 다닥다닥 붙어 있는 집들 사이로 생기고 사라지는 골목이 미로처럼 뻗은 장소는 활동가들의 보호막이었다.

　김선생과 야간열차에 탑승한 두쇠가 중간에 내려 '날이 밝아올 무렵 애오개 마루에 도착했다'는 것은 안전지대로 들어섰다는 의미이기도 하다. 애오개는 넝마주의, 막일꾼, 거지 들이 몰려살던 아현리에 있다. 국내파 지도선의 총책 이재유(『철도원 삼대』에서는 '유'로 등장)가

---

13 권혁희, 같은 논문, 18쪽.
14 권혁희, 같은 논문, 17쪽.

고향 함경북도를 떠나 처음 정착한 곳이기도 하다.15

경찰의 감시망을 피하는 안전한 방법은 현장 노동자들 속에서 일하거나 그들의 거처에 섞여 생활하는 것이었다. 특히 보안이 필요한 이동에는 이들 조직(인천부두 조직)의 도움을 받아 배를 타거나 우호세력인 기관사(이일철)의 조력으로 열차를 이용했다. 경강 중심의 수로에서 육지의 철로로 운송·교통수단이 전환하던 과도기에는 단절과 연결의 지각변동이 있었다. 주안댁이 활동가들의 무대이던 영등포로 진출할 때 배가 아니라 열차를 이용한 것은 철도가 부상하는 교통수단이었음을 상징적으로 보여준다.

---

15 안재성, 『경성트로이카』, 사회평론, 2015, 41쪽.

5. 살아 있지 않으면서 살아 있는 주안댁

주안댁은 아버지와 달리 기골이 장대하고 기운이 세어 새우젓 독을 냉큼냉큼 들어 옮겼다. 그 힘이 어느 정도인지 목격한 화물계 역부가 이백만에게 전한 말이 있다. "글쎄 니 마누라 얼굴만 조금 붉어졌더라. 파리 잡아먹은 두꺼비처럼 시치미를 뚝 떼고 섰더라니까." 화물 열차 짐을 나르다가 사고로 혼절한 인부를 구하느라 수레 밑으로 어깨를 들이밀고 치켜올릴 때 표정이었다.

주안댁은 죽은 사연부터가 어처구니없고 심상치 않았다. 저녁에 고구마 한 자루를 삶아서 몇 개 먹고 자다가 심야에 남은 고구마 이십여 개를 마저 해치우며 여느 때와 같은 식성을 발휘한다. 미는 가슴을 달래느라 냉수를 들이켰고 여느 때와 달리 뒤로 넘어갔으며 입을 벌린 자세로 뻗어버린다. 문지방에 다리를 얹은 채 큰대자로 굳어버린 주안댁을 발견한 것은 야근하고 돌아온 이백만이었다.

거대한 설문대할망은 깊은 바다도 아니고 기껏 물장오리라는 산정호수에 빠져 죽었다. 또는 오백 아들을 먹이려고 죽을 쑤다가 솥에 빠져 죽어 아들들을 포식시켰단다.[16] 이는 가부장제가 사회를 지배하면서 여성신이 퇴조하게 되었음을 알리는 신화의 변형으로 보통 해석한다. 주안댁의 이른 죽음도 이런 식으로 희화화되어 갑작스럽게 찾아온다.

그러나 주안댁은 죽어서도 버드나무집을 떠난 적이 없으며 맏아

---

[16] 허남춘, 같은 논문, 104쪽.

들 한쇠와 시누이 막음이, 두 며느리 신금이와 한여옥이 이를 증명한다. 그러니까 그녀를 본 사람들은 그녀가 여전히 집안일에 관여하며 식구들을 돌보고 있음을 말한다. 혹은 그녀의 존재를 믿는 이들에게만 현현한 것일 수도 있다. 왜냐하면 주안댁이 나타났다는 이야기를 믿지 않는 이백만과 작은아들 두쇠는 주안댁을 보지도 못했기 때문이다. 그러다 보니 죽은 주안댁의 활약을 모든 식구가 얘기하는 상황은 벌어지지 않았다.

그녀는 누구에게는 지금 여기 있는 사람이었지만 누구에게는 아니었다. 두 부류의 '누구'가 같은 장소에 있을 때 주안댁은 살아 있으면서 동시에 살아 있지 않은 언캐니uncanny(낯선 익숙함)한 존재였다.17 이것이 믿든 안 믿든 듣는 사람을 매혹하는 『철도원 삼대』의 힘이었다. 그렇게 철도원 집안의 대모신 주안댁은 믿는 사람들에 의해 안 믿는 사람까지 멱살 잡아끌고 자손에게 구전되어 살아남는다. 이는 아주 중요한 현상이다. 죽어서도 살아남아 전승되면 신화가 된다는

---

17 사전적 의미는 신비로운, 불가사의한, 으스스한. 인간처럼 보이나 인간이 아닌 로봇(uncanny valley)으로 널리 알려진 이 단어는 독일어 unheimliche에서 비롯한다. 프로이트는 「Das unheimliche」(1919)에서 '친밀한, 낯설지 않은'이라는 의미의 하임리히(heimlich)와 그 반의어 운하임리히(unheimlich)가 같은 의미로 쓰이는 상황에 주목한다. 하임리히에는 '은밀한, 결코 간파할 수 없도록 감추어져 있는'이라는 뜻도 있는데 이렇게 모순된 감정을 불러일으키는 대상은 결국 새로운 것이 아니라 익숙하지만 억압돼 있던 존재다(지그문트 프로이트, 『예술, 문학, 정신분석』, 열린책들, 2004).

사실 말이다.

막음이와 신금이가 주로 집에 있었기 때문에 주안댁은 버드나무 집에 항상 존재했다. 부재한 것은 오히려 남편 이백만이었다. 어쩌면 이백만이 부재했기 때문에 주안댁이 항상 존재할 수 있었을지 모른다. '대모신 시대'에 수평적 관계의 어른(지도자)은 있어도 수직적 권력 관계의 가장은 없다는 의미로 해석된다. 막음이는 홀아비가 된 오빠네 살림을 맡았고 여전히 아이들 먹을 것을 챙기는 올케와 비로소 함께 살게 된다. 두 아들이 기억하는 엄마 주안댁은 먹을 것 떨어지지 않게 신경 쓰는 사람이었고 먼 후대에 유토피아로 회자할 것이다.

철도원 삼대의 사대손 진오는 집안의 신화를 되새길 때마다 암울한 현실에서 희망을 꾸려내며 포기하지 않는다. 그는 회사의 부당해고에 맞서는 마지막 방법으로 크레인에 올랐다. 1년여 하늘에 떠서 그의 집안이 어떻게 식민지시대를 통과했는지 회상한다. 기억되고 전해지며 살아남는 일은 중요하다. 신화도 그렇게 얻은 질긴 생명력 덕에 전승되고 있지 않은가.

그런 식으로 끝내 살아남아 전해질 것은 또 있다. 철도원 집안의 신화와 양대 축을 이루는 식민지시대 노동사. 두쇠의 서사는 철도원 가족사와 식민지시대 한국의 노동운동사가 교차하는 접점이다. 잠시 등장하는 이재유와 이관술(작품에서는 이관수), 김삼룡(김근식), 이순금(이금순)을 좀 더 자세히 다루는 책으로는 『경성트로이카』가 있다.

이 책의 장르는 소설이면서 한국 현대사고 현장을 취재 고발한 르포르타주다. 르포와 역사와 픽션이 만나 효과가 극대화되는 지점에서 서술된 저작이었다.

다 읽으면 가슴 한쪽이 말할 수 없이 휑해지는 책이다. 식민지기를 치열하게 살아간 주인공들이 미디어나 공적 장소에서 호출되지 못하는 안타까움 때문이었다. 그 원망을 우리 현대사보다 책에 돌리는 부작용을 주의해야 한다. 독자의 욕망을 채워주지 못하는 게 책의 잘못도 작가의 실수도 아닌데 말이다. 그렇다고 찰나의 순간일지언정 주인공의 삶에서 행복한 시절을 보려는 심리가 무모한 욕심만은 아니다.

그래서인지 훗날 주축이 되어 활동하는 동덕여고생들의 학창시절 이야기가 유독 기억에 남는다. 그 시절 동덕여고는 조선의 여학생들이 다닐 수 있는 몇 안 되는 상급학교로 함경도에서부터 경상도까지 전국의 수재가 몰려들었다. 박진홍, 이순금, 이효정, 이종희, 이경선 등은 독서회를 만들어 함께 문학을 주제로 의견을 나누고 방과 후엔 몰려가 영화를 보기도 했다. 호기심 많고 꿈도 많아 말도 많은 나이에 세상을 보는 날카로운 눈과 섬세한 감수성으로 끝도 없이 이야기하고 이야기했다.

박진홍과 친구들은 시간 가는 줄 모르고 명치정백화점을 돌아다니며 부푼 마음을 달래기도 하고, 제과점에 앉아 몇 시간씩 소설과 영화 이야기로 수다를 떨었다. 여름방학 때는 떼거지로 기차를 타고 경상도 울산 근방 언양에 있는 이순금의 집으로 놀러 가기도 했다. 방이 열 개가 넘는 커다란 기와집이었다. 찬모와 하인들이 온종일 먹을 것을 해 왔다. 그곳에서 일주일이나 머물며 놀았다.18

책 앞부분에 나오는 그 시절은 주안댁의 버드나무집처럼 즐거운 나날이 이어지던 원시 유토피아였다.

동덕여고 친구들은 광주학생운동을 지지해 동맹휴교에 앞장선다. 이 사건을 계기로 조선의 처지에 눈뜬 이들은 서울 근방에 흩어져 있던 방직공장에 취직해 활동하며 경성트로이카와 연결되고 투옥과 활동을 반복한다. 이효정 할머니는 비상한 기억력과 애정으로 그 시절 친구들의 성격과 외모를 묘사하며 이야기를 들려준다. 또 소설가 안재성은 할머니의 기억을 들은 뒤 연구자를 만나고 도서관 자료를 뒤지며 경성트로이카의 활약을 불러낸다.

---

18 안재성, 같은 책, 66쪽.

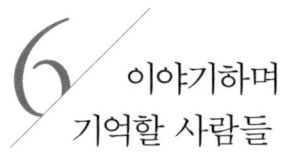
6 이야기하며 기억할 사람들

 이재유는 일본에 건너가 공부하며 학비를 충당할 목적으로 노동을 병행하다가 현장 조직을 경험하고 사상서를 읽으며 이론을 갖춰 나간다. 경찰에 연행되고 활동하기를 반복하며 요주의 인물로 찍혀 국내로 강제 소환된 뒤 감옥에서 김삼룡을 만나고 이현상을 알게 돼 뜻을 모은다.
 이재유는 유쾌하고 재미있는 사람이었다. 특유의 친화력에 재치 있고 감동적인 글을 쓸 줄 알았고, 일본에서의 조직활동 경험과 국내외 정세분석 능력을 인정받아 사람들을 끌어모을 수 있었다. 그는 천재적 조직 능력을 타고난 김삼룡을 인천으로 보내고 아직 대중성이 부족한 이현상은 자신의 곁에 두어 동대문 지역 섬유봉제 공장들을 조직하도록 했다. 경찰의 감시를 피해 인천으로 스며든 『철도원 삼대』의 두쇠가 만난 사람은 김근식으로 등장하는 김삼룡이었다.
 이재유는 이관술, 정태식, 박진홍, 이순금, 안병춘 같은 활동가들과도 함께하며 상황에 따라 갈라지고 다시 함께했다. 이들과 함께하는 조직방식을 이재유는 '트로이카'라고 했는데 말 세 마리가 끄는 마차처럼 어디 한 군데로도 치우치지 않고 나아간다는 뜻으로 러시아의 삼두마차에서 따왔다. 처음부터 조직명을 쓰지는 않았고 활동을 시작한 이듬해(1934년) '경성트로이카'라는 이름을 정식으로 사용한다. 인천부터 양평까지 경인지역 노동자와 농민을 아우르는 상당한 조직망이었다.
 국내 지도를 위해 들어온 해외파와 갈등도 있었지만 활동가 검거에 혈안이 된 형사와 밀정의 감시망을 피해 활동하느라 현장 중심을 대전제로 함께 싸웠다. 조직구성보다는 현장 노동자의 견해를 존중하며 열악한 노동환경을 바꾸려는 활동을 펼친 것이다. 그러나 1931년 만주를 침략하고 1937년에는 중일전쟁을 일으킨 일본의 강경탄압으로 운신의 폭은 갈수록 제한되었다.

 투옥과 잠행을 반복하며 옥사하거나 석방되더라도 쫓기는 삶과 고문에 건강을 망쳐 영양실조, 결핵, 각기병 등으로 사망한다. 그러고도 살아남은 사람들은 해방 후 남북한 정권 모두로부터 외면당하고 숙청당한다. 이재유, 김삼룡, 이현상, 박헌영, 이관술, 안병춘, 이주하 그리고 미처 이름을 부르지 못한 사람들이 이러한 최후를 맞이한다. 현장 노동자들의 요구를 수용해 누구보다 절실하고 치열하게 제국주의 침략세력에 대항한 사회주의 활동가들이었다.

7 에필로그

경성트로이카로부터 경성콤그룹으로 이어지며 일본제국주의에 대항하던 사회주의 활동가들은 아직 복권되지 못했다. 복권된다는 것은 무엇일까? 공적으로도 사적으로도 변명하거나 토를 달지 않고 이들을 화제 삼는 분위기가 당연한 사회를 말할 것이다. 그들에게 찍은 낙인을 벗겨내고 역사의 양지로 호출해 공론화하고 정당하게 평가받을 기회를 주는 데서 복권은 시작될 것이다. 하나하나 복권되고 역사에서 제자리를 찾을 때 사회 분란은 줄어들고 갈등이 있더라도 합의점을 찾는 데 지나치게 시간과 에너지를 소모하지 않게 될 것이다.

살아남아 전승되는 것은 중요하다. 『경성트로이카』와 『철도원 삼대』처럼 그들의 히스토리를 알리는 매체나 기회가 더 늘어 지금보다 더 많이 이야기되어야 한다. 그런 의미에서 지금까지 살아남은 신화는 이야기의 질긴 생명력을 보여주는 모범이다. 주안댁 위로 어른거리는 망구할매와 유화, 대모신의 아우라로, 죽었으면서 살아 있는 언캐니한 중독성을 얻어 집단무의식으로 자리 잡을 때까지 이야기하고 노래하고, 공연해서 기억할 일이다.

황석영은 1930년대 노동자들이 등장하는 소설 『철도원 삼대』를 "한국문학의 빈 부분에 채워넣으면서 한국 노동자들에게 헌정"하고 있다.[19] 일본제국주의 세력이 감시망을 촘촘히 짜고 조여오던 식민

---

[19] 황석영, 『철도원 삼대』, 창비, 2020, 619쪽.

지시대의 기록이 『경성트로이카』라면 이를 좀더 느슨하게 풀어 이야기한 소설이 『철도원 삼대』다. 세월이 흐를수록 사람들이 말하기 좋은 구조로 바뀌어가는 것이다. 그것이 이야기의 성격이고 그렇게 신화가 되어간다. 그것을 간파한 타고난 대중 활동가 김근식은 두쇠의 형 한쇠(이일철)에게 이렇게 말한다.

> 그런데 가끔 이상한 생각이 들더군요. 세상은 우리가 바라던 대로 이루어지진 않고 늘 미흡하거나 다른 모양으로 변하는 게 아닌가. 그것도 시간이 무척 오래 지나서야 그러더군요. 장구한 세월에 비하면 우리는 먼지 같은 흔적에 지나지 않아요.[20]

이 말을 크레인에 올라가 하늘의 별들을 만난 이진오의 목소리를 빌리면 이렇게 되지 않을까.

> 그런데 농성 중 이런 깨달음이 있었어요. 우리가 원하는 삶은 우리가 바라던 대로 이뤄지진 않고 늘 미흡하거나 다른 모양으로 펼쳐지면서 겨우 전달되는 게 아닌가. 그것도 시간이 무척 오래 지나서야 그러더군요. 장구한 세월에 비하면 먼지 같은 흔적에 지나지 않은 우리의 이야기가 전해질 수만 있어도 어디겠어요.
> 일일이 헤아리지 못할 수효로 명멸하는 이야기들 속에서 '먼지 같

---

[20] 황석영, 위의 책, 585쪽.

은 존재에 지나지 않'은 우리의 이야기가, 자신의 존재를 알리고 서로의 존재를 확인하려 교신하며 살아남은 우주의 외로운 신화가 그렇다.

> 기차를 노래한 시편 ❻

철길 2
— 하인천

김정환

희망도 헛된 보람도 결국
끝장나는구나 하인천역에 내리면
저렇게 사지가 찔리운 채
철길은 땅 속에 모랫더미 속에
파묻혀버리는 구한말 시대
만남의 바다는 한참 더 가야 있다
어스름한 역전 불빛 아래로 막차 인생
끼리끼리 움츠린 얼굴로 희망은 초라하다
철길의 생애는 주름살로 지고
한참 더 가도 바다는 그 광활함으로
우리에게 길을 가르쳐주지는 않을 것이다
철길의 막다름 앞에서 희망의 끝장 앞에서
마치 잘못 죽었다 살아 돌아온 사람처럼
나는 깨닫고 있는 것인가, 아주 오래된 기억처럼
삶은 좀더 치열해야 했음을
싸움은 좀더 절실한 사랑이어야 했음을

김정환(1954~)은 서울 출생이다. 하인천은 경인철도의 시발역으로 1948년 인천역으로 역명을 바꾸었다. 『좋은 꽃』 이후에 나온 시집 『기차에 대하여』(창비, 1990)는 근대와 자본주의의 암울한 미래를 선취하고 있다.

희망은 초라하다. 그러나 희망의 생애는 위대하다
나는 바다로 가고 싶지 않다
아니 바다로 가서 펄펄 뛰는 고기가 되고 싶다
입맛 다시는 바다
피비린 맛을 본 바다
조금 더 먼저 끝나준 하인천의 희망의 끝장 앞에서
20분마다 전철은 다시 떠나고
나는 돌아가야 한다 저 초라한 가로등 빛에 몸 기대며
만남의 바다는 내가 도망쳐 온 그 자리에 있다

—『좋은 꽃』(민음사, 1985)

3부

황석영 작가와 함께하는 북 콘서트

『철도원 삼대』가 성취한 민담적 리얼리즘의 세계*

최원식 인하대 명예교수, 문학평론가

---

* 이 기록은 인천문화재단 한국근대문학관에서 주최한 『철도원 삼대』 북콘서트 (2021.12.3) 녹취록에 바탕을 둔 것이다. 녹취록을 푸는 작업은 문학관 학예사 이연서 씨가 맡았고, 최종적으로 다듬은 것은 진행자 최원식이다. 『〈철도원 삼대〉와 인천 걷기』에 싣고 싶다는 이설야 시인의 부탁으로 미루었던 녹취록 정리를 끝내매, 북콘을 위해 노고한 함태영 박사를 비롯한 문학관 식구들에게 감사하는 한편, 제목 및 중간제목을 붙여준 이설야 시인과 김경은 작가도 고맙다.

ⓒ경인일보 조재현 기자

살아 있는 문학사

최원식 마침내 황석영 선생의 『철도원 삼대』 북 콘서트가 인천에서 열립니다. 작년에 예정되었다가 코로나로 연기를 거듭한 끝에 인천 독자들과 만나니 감개무량합니다. 어려운 걸음을 해주신 황석영 선생께 큰 환영의 박수를 부탁합니다. 현관을 나오면서 날씨가 하도 명랑해서 코로나라는 걸 잊어버릴 정도였습니다만, 코로나가 다시 번지는 상황이라, 부득이 청중을 제한할 수밖에 없었음을 안타깝게 생각합니다. 또한 진행자로서 양해 말씀 드립니다. 황선생과 오늘 모이신 우리 청중들의 안전을 위해서 시간을 엄격하게 진행해야 할 것 같습니다. 본행사 80분, 질의·응답 30분, 총 110분입니다. 청중 질의는 편의상 미리 질문지를 배부하오니 이를 이용해 주시기 바랍니다.
돌이켜 보건대 1970년대 문학은 한국문학의 흐름을 민족문학 또는 민중문학으로 바꿔놓았습니다. 문학의 시대를 교체한 것입니다. 그 주역이 김지하 시인과 황석영 작가입니다. 황선생은 지금까지의 업적으로도 이미 살아 있는 문학사입니다. 그런 황선생이 『철도원 삼대』 같은 대작을 냈습니다. 백낙청 선생 말씀으로는 80 가까운 작가가 이런 정통 장편을 낸 거는 세계 문학사 상에 유례가 없다고 합니다. 출옥(1998)한 직후부터 이 장편에 대한 말씀을 들었으니까 20여 년을 묵새겼습니다. 인천 독자들을 위해 이 작품이 어떻게 싹터서 어떤 숙성을 거쳐 출생했는지, 왜 20년이 걸리셨는지, 간명히 들려주시기 바랍니다.

황석영 최선생이 말을 꺼냈으니까 제가 한마디를 보탠다면 백낙청 선배가 그래, 무슨 토마스 만이라는 사람이 『마의 산』인가 마지막 대작을 76세 때 썼대요. 근데 그게 서구문학에서도 만년 작품이라고 알려져 있는데, 내가 그거보다 2년 더 나이 먹어서 썼다 뭐 이렇게 덕담을 하셔서 그래서 얘기가 나왔습니다. 1962년도 『사상계』 신인상을 받았으니까, 내년이면 작가 60년이고 우리 나이로 80이죠. 그러니까 이제 한 달 지나면 여든 살이 되는 거야, 이 황석영이가. 청년 작가였는데 뭐 뒷간에 갔다 오니까 인생이 다 지나가 버렸어요. (웃음)

말씀이 나와서 또 얘기지만 2017년에 제가 몇 살이었나? 지금 79세니까 77세 정도 됐나요. 『수인』이라는 자전을 냈어요. 한 3년여 손에서 굴리다가 썼는데 사실은 저는 자서전 따위를 쓸 생각이 없었는데 옛날에 계약금을 받아먹은 게 있어서 외상값을 갚느라고, 그래서 할 수 없이 그걸 썼습니다. 자서전 어쨌든 쓰고 나니까 뭐 다 끝난 것 같잖아요. 그러면 문단에 길이 있는데, '원로'라고 꽃도 달고 여기다가, 심사 다니고 인사 받고 이러는 원로 작가의 몫이 남았는데, 저는 '죽는 날까지 글을 쓰겠다', 현역 작가로 죽겠다 하는 생각이거든요. 그런데 그것도 역량이 이어질 때의 얘기죠. 역량이 이어지지 않으면 절필 선언을 합니다. 아, 그만 쓰고 편하게 살겠다, 몸도 아프고, 뭐 이러면서 절필 선언을 한다든가 또는 좀 과격하게는 자살도 하죠. 무슨 철학이나 사상이 뚜렷하게 허무주의적이어서가 아니라 직업적인 양심으로 글이 안 써지면 자살을 하는 경우가 많이 있습니다. 원로 작가라는 거 그러니까 작가의 말년이라는 건 또 하나의 위기예요. 자기가 여태까지 쌓아 올린 업적, 그것이 만들어낸 나름대로의 매너리즘, 그거 다시 동어 반복하는 건 매너리즘이니까, 거기에서 벗어나야 한다는 또 다른 책무가 생기는 거죠. 별…… 별의별 노력을 다 하죠. 가출도 하고 아까 얘기한 자살도 하고 갑자기 노인 네가 10대 소녀를 사랑한다든가 별의별 일이 다 벌어집니다. 저도 한 4년 전에 『철도원 삼대』라는 걸 드디어 쓰겠다 그러고 트렁크 두 개를 들고 집에서 나왔어요. 제가 뭐 인생이 우여곡절이 많아서 한 세 번 혼인을 한 셈인데 세 번째 가정을 파하고 70 넘은 나이에 트렁크 두 개를 들고 나왔는데 사실 뭐 저는 그래도 괜찮은 편이었습니다. 톨스토이의 경우는 85세에 마차를 타고 집에서 탈출했는데, 서울로 치면 안양역쯤 되는 데 가서 감기에 걸려 역 구내에서 독감 걸려서 죽었습니다. 그래 마누라가 쫓아와서 그 시체를 수습해서 야스나야 폴랴나 그 대장원에서 장례를 치러버렸으니까, 가출 실패한 거지. 원로 작가라는 건 백척간두에 서 있는 거하고 똑같아요. 더이상 나갈 데가 없어. 왜? 끝이니까. 죽음이니까. 그래도 더 나아가야 한단 말이죠. 저를 한 걸음 더 내딛게 한 작품이 『철도원 삼대』였습니다.

제가 현재의 건강 상태 뭐 이런 걸 따져보면 90살까지는 쓸 수 있을 것 같아요. 요새 뭐 의학도 발달하고 특별히 아픈 데도 없으니까 한 10년 부지런히 쓰면 한 세 권 더 쓸 수 있지 않을까? 『철도원 삼대』와 같은 볼륨으로 세 권 정도를 더 쓰면 아마 황석영이 지금 생각하고 있는 어떤 소설의 양식, 산문의 양식, 우리식 양식. 이런 것들의 어떤 모양을 이렇게 딱 보여주면서 죽을 수 있지 않을까. 이따 최선생하고 심화해서 이야기하겠지만 저는 일단 '민담 리얼리즘'이다, 이렇게 명명

해봤습니다만, 그 민담 리얼리즘이라는 양식을 나름대로 이렇게 딱 형성을 하면서 죽겠다, 생각대로 됐으면 좋겠지만요.

최원식 『철도원 삼대』가 어떻게 싹 텄는지도 좀…….

황석영 제가 영등포에서 자랄 때, 우리 어렸을 때는 역에서 들려오는 기적 소리라든가 밤에 기관차가 지나가는 소리 이런 걸 많이 듣고 자랐어요. 또 철도 공작창이 근처에 있었어요. 사실은 영등포라는 도시가 생긴 게 인천 때문입니다. 식민지 근대가 시작되기 전에는 인천과 같은 역할을 마포가 했는데, 세곡선이나 삼남에서 오는 배들이 다 강화를 통해서 한강으로 들어왔죠. 제물포가 인천이 되면서, 항만이 생기고. 경인 철도가 놓이면서 영등포가 형성됐죠. 노동자라든가 기술자라든가 하는 사람들이 영등포에 집결해서 경인철도를 부설했고 그 여력에 경부선이 생깁니다. 경부선과 경인철도가 만나는 지점이 영등포예요. 그래서 영등포가 말하자면 서울 외곽의 식민지 산업도시로서 공장지대가 되면서 항구인 인천과는 한 구역 한 '나와바리'[1] 같은 형태를 취해서 사람이나 물류가 영등포와 인천은 거의 옆 동네나 마찬가지였어요. 인천에 있던 노동자가 영등포에 와서 일하고 영등포에 있던 노동자들이 또 인천에 가서 일하고, 그래서 한통속이 되어 갔죠. 하여튼, 이거를 내가 꼭 쓰겠다 하던 중, 내가 평양에 갔다가 묘하게 영등포 출생의 철도원 출신 어떤 노인을 만나서 그 노인하고 하룻밤을 새우며 술을 마시면서 옛날얘기를 들었어요. 굉장히 깊은 감동을 받고 내가 이걸 소설로 언젠가 쓰겠다 결심했어요.

---

[1] なわばり(縄張)는 새끼줄을 쳐서 경계를 정한 데서 유래한 말로 세력권을 가리킴.

이게 방북했을 때니까 1989년이죠. 마침 베를린에 망명을 하고 있을 때 한겨레신문에서 연재하자고 그래서 『흐르지 않는 강』이라고 그 손자. 그러니까 '지산'이 있잖아요. 아버지 따라간 젊은 철도원, 그 견습 기관사 이야기를 쓰다가 중단했는데, 이게 늘 따라다니는 거야. 사람들이 너 『철도원 삼대』 언제 쓸 거냐? 그래 이번에 집에서 딱 나오면서 이거 쓰겠다, 죽든 살든 이거 안 쓰면 안 들어가겠다, 그렇게 나와서 썼죠. 자료 조사하고 준비하고 그러는 데 1년, 그리고 쓰는 데 1년. 그래서 한 2년에 걸쳐서 써냈습니다.

최원식 작가 말년의 위기. 자기가 쌓아 놓은 업적이 거꾸로 위기가 된다는 말씀은 대단합니다. 두 유형의 작가가 있습니다. 어떤 작가는 계속 위기를 돌파해 나가는 모험에 투신하고, 또 어떤 작가는 한번 정립한 것을 깊이 파고 들어가는데, 우리 황석영 작가는 전자네요. 90대 때까지 세 편을 더 쓰신다니 걸기대입니다.

영등포가 인천 때문에 생겼다는 말씀이 새로운 영감을 줬어요. 개항 이전에는 삼남의 세곡선이 강화의 염하를 끼고 한강을 거슬러 마포에 닿아 마포가 번창했는데, 개항으로 제물포에 새 인천이 건설되고 경인선이 개통되면서 옛 인천, 옛 부평, 이런 구舊토착지가 다 분해되고 인천부의 제물포가 새로운 중심으로 뜨고, 그에 따라 부평도 원래의 중심지였던 계양산 밑이 아니라 역이 들어선 새 부평이 뜨면서 서울과 부평의 외곽인 영등포가 새로이 등장한 내력이 비로소 환해집니다. 요컨대 근대 이전 세곡선으로 마포로 연결됐던 게 근대 이후에는 경인선이 부설되면서 새 인천과 영등포가 바로 연결된

거군요.

이 소설은 장소의 혼genius loci이 강력합니다. 대작가들은 세계를 만들어내요. 자기 인물들이 살 세계를 만들어내는데 이 작품은 특히 장소들이 생생합니다. 출생지 신경新京과 가출지 인천도 인상적이지만 역시 중심은 성장지 영등포입니다. 1장에서 이진오가 굴뚝 위에서 영등포 곳곳을 짚는 대목이 생생합니다. 지금은 사라진 유년의 영등포를 눈에 잡힐 듯이 복원하는 걸 보면 형님의 기억력은 천재야.

황석영 아 별말씀을.

근대의 진열창, 영등포와 인천

최원식 작가들은 마지막에 자기 고향에 바친대요. 이효석 같은 서구 중독자도 『메밀꽃 필 무렵』에서 고향 봉평을 기렸지요. 『철도원 삼대』, 이 장편은 작가의 고향 영등포에 헌정된 것입니다. 영등포 얘기를 좀 더 듣고 싶습니다.

황석영 식민지 근대가 저의 본령이라면, 『장길산』(1974~1984)은 노력한 거야. 공부하고 자료도 뒤지고, 현장 답사하고, 제가 일부러

조사해서 쓴 게 『장길산』이죠. 왜냐하면 그건 전통적 농촌사회, 전통사회에 대한 얘기니까. 저는 벼를 심고 모를 내고 쌀을 수확하고 이런 과정을 전혀 몰랐고 농촌 생활도 해본 적이 없어요. 근대 도시의 자식입니다. 80년대 초반인가? 일본을 처음 갔다가 도쿄에 안 있고 누가 소개를 해서 도쿄에서 아마 서울로 치면 시흥 같은 변두리 니시고야마西小山라는 작은 읍내에 가 있었는데 거기 가니까 영등포가 그대로 있는 거야. 빨간 우체통, 화과자 가게의 그 진열창과 옛날 일본 과자들, 이렇게 술집 앞에 휘장 드리운 거, 남들은 무슨 노스탤지어 하면서, 송아지가 음메-하고 물레방아가 돌아가고 그런다는데, 나는 영등포와 같은, 도쿄의 변두리와 같은…… 개화근대? 사이비 근대? 뭐 이런 모양을 보면 향수를 느낀다. 그렇지 영등포와 인천은 한국 근대의 진열창이지. 우리가 근대를 자꾸 파고 식민지 근대에 관심을 갖는 것은 그걸 극복하기 위해서야. 남의 것 뺏어오면서 왜곡된 무슨 제국주의 근대 속에 있었던 게 아니라, 우리는 오히려 당하고 고통받고 그러면서, 요새 용어로 '저항 근대'를 겪었던 나라들 가운데 유일하게 제국주의를 전혀 한 번도 안 해봤는데 선진국이 됐어요. 유엔이 맡으라고 해서, 선진국 좀 제발 해주라 그래서 한 거야. 아이러니하죠. 그런 부분에서 예전의 우리와 같은 처지에 아직 있는 아시아·아프리카·라틴아메리카, 이른바 개발도상국, 거기에 맏형 노릇을 좀 하면서 현재 세계를 변화시켜야 하지 않나? 하는 생각을 하고 있죠.

최원식 출옥했을 때 뵈면은 '야술' 3부작을 쓰시겠다고 그랬어요. 그게 첫 번째 『오래된 정원』(2000), 두 번째 『손님』(2001), 근데 제

일 중요한 『철도원 삼대』는 함흥차사예요. 못 쓰실지도 모르겠다고 생각했는데, 결국 이렇게 근사하게 쓰셨습니다.

한국 근현대문학은 문학지도의 확장과정입니다. 가령 파인 김동환의 『국경의 밤』(1925)으로 완전한 문학적 변방이었던 두만강이 한국 근대문학의 안으로 들어오거든요. 채만식의 『탁류』(1937~38)로 군산이, 이문구의 『관촌수필』(1972~77)로 충청도의 한 작은 마을이 우리 근현대문학의 중심지로 편입됐어요. 이런 일은 비일비재한데, 이 작품으로 영등포라는 이 중요한 장소, 지금까지는 덜 조명 받은 이 중요한 장소가 우리 현대문학의 가장 중요한 장소로 들어왔다는 점에서도 또 다른 의의가 있습니다. 훌륭한 작가를 내면 그 동네가 호강하는 거예요. 영등포가 황석영 선생을 냄으로써 큰 호강을 받습니다.

창비 대담(2020가을)에서 "염상섭의 『삼대』가 한반도적 근대의 입구를 구성한다면 『철도원 삼대』는 출구를 조명한다"(348면)고 하셨습니다. 근사한 말씀입니다. 염상섭의 『삼대』(1931)를 어떻게 의식하셨습까? 『철도원 삼대』는 우리 현대문학의 고전 『삼대』를 패러디하면서 비판적으로 계승하는 아주 미묘한 자리에 놓여있습니다. '민담적 리얼리즘'하고도 연관이 되는데 우선 이 말씀을 좀 더 독자들을 위해서 보충해 주시기 바랍니다.

황석영 제가 연전에 문학동네하고, 원래는 창비하고 그 프로젝트를 하려고 그랬는데 감옥에 있는 동안에 할 수가 없어서, 최선생이 국어 교사들 모아서 단편소설선집을 냈죠, 나도 문학동네에서 '한국 명단편 101선'인가 그런 걸 했어요. 제가 단편마다 작가론이나 작품론 비슷하게 리뷰를 붙여서, 10권을 출판한 적이 있습니다. 제일 먼저 염상섭으로부터 시작을 하는데, 그랬더니 보수 신문에서 괜히 고까웠던지 날 까고 그래. '이거 황석영이 너무 편협하다, 아니 이광수도 있고 뭐 김동인도 있고 뭐 앞에 훌륭한 작가들이 많은데 다 빼고 왜 하필이면 염상섭이냐?' 그러는데, 근대문학의 시발점을 나는 염상섭으로 잡고 싶었어요. 왜냐하면 그 전에 이광수니 등등 그런 사람들은 계몽주의 문학이라고 해서, 여러분 유명하잖아요. 해에게

서(최남선,「해에게서 소년에게」, 1908) 뭐 어쩌고, 신체시 뭐 어쩌고, 신소설 등등 많이 있잖아요. 나 다 잊어버렸어.『혈의 누』(1906)니 뭐 많이 있잖아요. 사실 그 전 소설이 훨씬 더 우리하고 가깝지. 비록 한문으로 썼지만, 연암의 한문 소설뿐만 아니라 언문 소설, 소위 언패諺稗라고 그러는, 19세기까지 종로 거리에 나돌던 이야기 소설들 이런 전통들이 있거든요. 이에 비하면 신체시니 신소설은 훨씬 못한 거지. 그러다가 3·1운동쯤 지나면서 근대적 자아가 생긴다 이거예요. 만주에서 무장투쟁이 벌어지고, 러시아 혁명 이후에 사회주의 사상이 유입되고 근대 사상이 싹트기 시작하면서 사회운동이 조직적으로 전개되고, 노동자 농민을 중심으로 민중들의 항일 운동 또는 독립운동이 시작되는 게 다 1920년대 이후의 일이지. 그리고 대개 1차 대전이 끝나고 나서부터 20세기가 본격적으로 시작된다 이렇게 얘기를 하죠. 그렇게 본다면 저는『만세전』(1924)과『삼대』를 쓴 염상섭의 소설에 와서 비로소 근대적 자아, 자기 자신의 자의식, 식민지 백성의 자의식을 갖게 된다, 그리고 이른바 식민지 부르주아를 발견한 것도 염상섭이다 하는 의미에서 염상섭의『삼대』를 평가하는 거죠, 한국 근대 소설의 시발점으로. 그런데 그게 입구였다면 출구는 말하자면『철도원 삼대』다. 우리가 자꾸 '근대, 근대' 하는 이유는 근대, 잊지 말자, 그리고 근대를 극복하자, 뛰어넘어 새로운 삶의 질서를 창출해 내자, 이런 의미에서 근대거든요. 그렇게 본다면 그 100년, 조선이 자생적 근대에 실패하고 식민지화돼서 여러 가지 우여곡절, 분단과 전쟁까지 겪고 신자유주의 세계 체제 속에서 지금 증손자가 철탑 위에 올라가서 농성하고 있는데, 저 노동자가 현실 사회 속 우리 자신의 초상이죠. 그러면서 과거에 비추어서 현재를 이렇게 보고 있는 거예요. 염상섭의 『삼대』가 그때 막 형성되기 시작한 식민지 부르주아를 중심에 둔 시각이었다면 신자유주의 세계 체제 속에서의 한국의 노동자, 그리고 그물망처럼 얽혀 있는 여러 가지 자본의 성격들을 같이 생각하면서 지난 100년을 좀 보자. 너무 사회과학적인 얘기라서, 이게 저 최선생 때문에 그래요. 최선생이 없었으면 내가 이걸 돌려서 좀 쓰리쿠션으로 돌려서 상징적으로 재밌게 얘기를 했을 텐데 교수님하고 얘기를 하니까, 지금 얘기가 이론적으로 나가네요. 요컨대 이 소설은 지난 100년 동안의 삶에 대한 얘기고 요즘 우리가 깔고 앉아 있는 이 삶의 근거들이 어디에서 왔나, 이런 것들을 생각해 보는 그런 소설입니다.

최원식 우선 염상섭을 높이 평가하는 데 대해서 저는 전적으로 동감합니다. 제 문학사 구상의 핵심은 이인직·이광수 중심의 기존 축을 이해조·염상섭 축으로 바꾸는…….

황석영 찬성입니다.

최원식 우리나라에 장편 작가가 있다면 바로 염상섭인데 이 양반의 놀라운 점은 역사 소설을 한 번도 안 썼어. 오로지 당대, 당대, 당대…….
저는 우리 문학을 도시파와 농촌파로 나누어 보기도 하는데, 우리 문학은 농촌파가 압도적이에요. 자본이 작동하는 도시의 본질을 제대로 그리지 못한 게 우리 근대문학의 부족점인데, 염상섭은 도시파의 종장입니다. 염상섭은 서울 중바닥 출신으로, 그의 소설은 그들의 말인 경아리 말의 보고예요. 그걸 이어받은 사람이 박태원인데, 세대를 건너서 좀 다르게 계승한 분이 우리 황석영 선생이거든요. 그런데 염상섭이 그냥 근대주의자는 아니라는 점입니다. 진짜 뛰어난 도시파들. 진짜 뛰어난 근대파 작가들은 자본주의 근대를 그냥 역사의 종말이라고 여기지 않았어요. 사회주의자이건 아니건 간에 위대한 작품 속에서는 근대를 충실히 그리는 속에서 근대 바깥으로 열려 있기 마련이거든요. 이 점에서도 염상섭의 『삼대』가 한반도의 근대 입구라면 『철도원 삼대』는 근대의 출구를 조명한다는 작가의 말씀이 뜻깊습니다. 『삼대』를 먹으면서 또 『삼대』를 넘어서는 복합관계인데, 철도가 상징이라는 점도 보람입니다. 근대의 상징인 철도가 『철도원 삼대』에서는 근대를 돌파하는, 노동자들의 상징인 겁니다.

그리고 『철도원 삼대』에서 형님의 출생지 만주 신경(현 장춘)이 형님 문학 속에 처음 그려진 것 같아.

황석영 원래의 계획은 만주 얘기를 한 권 정도 쓰려고 그랬어요. 저게 사실은 두 권짜리가 되지 않습니까. 원래 계획은 세 권짜리의 소설이에요. 그래서 한 권 정도 분량으로 만주 얘기를 쓰려고 자료도 모으고 구성을 해놓고 보니까 옛날에 대하소설 쓰던 때로 돌아가야 해. 만주에 대해서 쓸 게 너무 많은 거예요. 우리가 이른바 '만주 모던'이라고 그러잖아요. 만주가 묘해요. 복합적이에요. 그리고 우리가 부딪히고 있는 지금, 현재와 아주 똑같아. 일본의 포지션, 중국의 포지션 등등이 다 모여 있는 중요한 장소가 만주예요. 만주는 지금도 굉장히 중요한 장소입니다. 앞으로 두고 보세요. 이걸 쓰려니까 말이야. 『철도원 삼대』 두 배를 더 써야 만주를 쓰겠어. 그래서 에피소드 건너뛰어서 막음이 고모? 저 이철이 처 했던, 지산이 말고개 죽은 애 있잖아 걔 엄마 있잖아. 같이 활동하던 모던 여성, 신여성. 그 만주로 보냈잖아. 그럼, 거기서 뭐가 벌어지게 돼 있잖아요. 아, 한영옥. 그런데 만주를 쓰려고 자료를 이렇게 보니까, 엄청난 거야 이게. 그래서 이거 이러면 큰일 나겠구나. 아깝지만, 이 부분은 빼자. 하고 확 들어냈어요. 들어내길 다행이야 그렇지 않았으면 아직도 쓰고 있을 거예요.

최원식 막음이 고모한테 놀러 가잖아요.

황석영 그러면서 풍경을 싹 보여주죠. 만주의 모양을.

최원식 거기에 나타난 신경이, 굉장히 인상적인데, 말씀을 들어보니까 형님이 하나 더 써야 하겠네. 만주, 신경 얘기.

황석영 아이, 나 이제 그런 거 그만 쓰려고…….

다음 작품은 코로나 이후에, 말하자면 탈인간중심주의. 그러니까 사람만 있는 게 아니야 이 세상엔. 여럿이 다 있어. 불경에 열반경이라고 있어요. 부처가 식중독 걸려서 죽어가면서 이제 죽음과 영혼에 대한 마지막 가르침을 펴는 열반경 내용이 아주 근사합니다. 그걸로 성인 동화를 하나 쓸까 그래요. 그림도 좀 그리고 젊은 독자들한테 애교를 좀 떨어서 돈이 좀 생겨야 내가 또 다음 작품을 쓸 휘발유를 좀, 실탄을 좀 만들어야잖아. 그걸 하나 써 놓고, 하반기부터는 홍범도를 쓸려고 그러는데, 홍범도 얘기 무슨 포수 얘기하고 일본군 전멸시키는 얘기는 방현석이가 쓰고 있대. 그래서 그건 걔가 쓰라고 그러고.

문성근이가 10여 년 전에, 제 당숙인지, 문 목사하고 같이 자랐대요. 문 목사 형제로 연변 청년 이야기를 했는데, 이게 실화야, 식산은행 돈이 심양을 거쳐서 연변에 와서 며칠 머무는데 그걸 털기로 했대요. 청년들이, 윤동주 뭐 그 또래겠지. 그래서 털었어. 성공을 했어요. 15만 원 사건(1920년 간도 항일단체가 무장투쟁을 위해 은행에서 군자금을 탈취한 사건)이야. 이걸 가지고 뭘 하려고 그러냐면 볼셰비키하고 백군하고 붙을 때, 백군을 지원하러 왔다가 귀국하는 체코 군단의 무기를 사려고. 소총 삼천 정을 사는데 십오만 원이 필요해요. 소총 삼천 정이면 일개 사단을 꾸릴 수가 있잖아 독립군을. 그 총을 사러 갔는데 그 중간 브로커가 배신자야. 그래서 일본군이 포위하고 있다가 총 쏴서 그중에 두 명은 현장에서 사살되고 두 명은 튀었어요. 국내로 들어와서 잡혔어요. 서대문 형무소에서 사형을 당합니다. 그중에 한 명이 도망해 몽골을 거쳐서 카자흐스탄 알마티Almaty에 갔어요. 취직해서 술집에서 심부름꾼. 웨이터겠지, 심부름꾼을 하고 있는데 바로 앞쪽에 국립극장이라고 있었어. 그때 사진을 보면 그저 해남의 가설극장 정도 돼. 조그마해요. 홍범도가 거기 문지기야. 문지기면 우리가 기도라고 그러잖아 왜. 극장에 이렇게 청소도 하고, 그런 걸 하면서 이 백전노장이, 제 또래 70대에, 그거 하고 있어. 거기서 3년을 같이 지냅니다. 그 사람이 그걸 요 노트 한 권으로 썼어요. 나는, 그 역사의 뒤안길 무명으로 돌아간 홍범도와 그 젊은이의 3년의 일상을 쓸려고 그래요. 전거는 안 나오는데. 그 3년. 그걸 내가 만들어야지 뭐. 이놈이 그 극장 여배우를 짝사랑하는데 홍범도가 야단쳐서 뭐 충고를 하는데, "이 새끼야 그렇게 하는 게 아니야 인마" 이렇게 한다든가, 뭐 이렇게. 그런 걸 아주 유머러스하게 하나 쓰려고 그래. 그게 다음 작품.

생활 세계로부터 살려낸 인물들

최원식 듣기만 해도 재미있습니다. 작품으로 만날 날을 고대합니다. 『철도원 삼대』에서 인천도 중요한 무대인지라 인천 독자들이 더욱 작가를 뵙고 싶어했습니다. 인천에서는 강경애의 『인간문제』는 물론이고 『철도원 삼대』 문학 투어도 이미 진행하고 있다고 합니다. 국민학교 때 가출해서 인천 주안에 잠시 몸을 부쳤다고 했는데 과연 이 장편에 주안댁이 나옵니다. 이번 장편을 읽으며 토박이인 저도 놀랄 정도로 인천의 장소들이 생생한데 인천 관련한 작품 뒷이야기도 듣고 싶습니다.

황석영 예. 6·25 났을 때도, 아버지랑 어머니가 인천을 목표로 배를 타고 오려고 그러다가 이미 점령당했다고 그래서 다시 돌아가기도 했어. 그럴 정도로 인천에 대해서 부모님들이 잘 알아요. 그리고 황해도 친척도 여기 살았어. 우리 아버지 쪽에 사촌 누이인가가 여기 살았고 그래요. 어머니가 어머니 동창들이 모여서 놀려면 원족을 어디로 왔냐 하면 월미도로 왔어요. 김밥들 싸가지고. 월미도는 주로 여름 가을 이럴 때 온 것 같아. 거기서 운동회 같은 것도 하고 그랬어요. 그러니까 인천을 정말 왔다 갔다 해 영등포 사람들은, 가까워요. 김포도 그렇고. 김포 인천 이게 뭐 다 옆 동네입니다. 그래서 어렸을 때부터 인천을 잘 알았고.

국민학교 4학년 때 어머니한테 야단맞고 속상해서, 또 큰누나가 그때 경기여고를 다녔는데, 큰누나가 공부를 제일 잘했어요. 그래서 큰누나가 잘난 척하고, 뭐 맨날 나 가르친다고 그러니까 약이 올랐죠. 큰누나 가방 속에서 용돈 받은 거. 몇

푼 있는 거 주머니에 훔쳐서 넣고 튀었어. 이제 집에서 나가야지. 나만 못살게 굴지. 그래 영등포역 가서 인천 가는 기차 타고 내려와서 여기서 뭐 바다를 처음 봤어요, 국민학교 4학년 때, 이야~ 아무것도 없더만! 정말. 굉장한 감격이었어, 그 바다를 본 게. 시인 신경림 선생은 제천인가에서 국민학교 4학년 때 기차를 처음 보고 구루마 밑으로 숨었다고 그러더라. 놀래가지고. 허허. 그렇게 돌아다니다가 어디 갈 데 없으니까 시장이 이 근처(한중문화원 근처) 어디 있었어요, 부둣가에. 생선 좌판 그런 데서 밤에 잤어. 자는데 누가 와서 뭘 부스럭거리고 뚝딱거리고 그러더라고. 그 노점의 주인이야. 근데 이 양반이 황해도 피난민이에요. '야 너 어떻게 여기서 자냐, 이 밤에?' 그분이 내가 옷 입은 걸 보니까 여염집 아이 아니야. 그러니까 자기 집에 가자고 그래서, 갔더니 저 산동네, 어디 해방촌 비슷한 데인데. 거기 식구들이 있는데 찌개 하나 놓고 왜 쫙 둘러앉아서 다 같이 먹는 거 있잖아요.

최원식 주안이 아니었어?

황석영 어, 주안이 아니야. 근데 그 사람 별명이 주안댁이야. 원래 내려와서 처음 정착한 데가 주안이야. 그래서 주위에서 그 아줌마를 주안댁이라고 불러. '네 집에 가자. 니 엄마가 얼마나 걱정하겠냐.' 날 데리고 우리 집에 갔어. 나야 좋지. 집에 어떻게 들어가야 할지 걱정인데 그 아줌마하고 같이 와서 야단 안 맞았지. 얼마나 걱정했겠어. 우리 어머니가 굉장히 늠름하거든. 평양 여자고, 신여성이니까. 저놈 괘씸하지 저거. 그렇지만 참은 거야. 그다음부터 언니 동생 하면서 그 양반이 드나들었어요. 우리 집 김장 때 되면 젓갈도 보내고 또 연평 굴비. 그때는 서울 사람들이 다 봄 되면 김장 담그듯이 연평 굴비 궤짝으로 받아다가 전부 새끼줄을 해서 담장에 널어 말리고 그랬어요. 그게 여름 반찬 준비야. 여름에는 그거하고 열무김치 있으면 여름을 나거든 물 말아서. 참, 주안댁은 기골이 장대한 정말 어깨가 넓고 키가 컸어요.

그리고 인천은 고등학교 때도 많이 왔고. 최선생은 비아냥거리면서 야, 겨우 똥물에서 놀았구나. 이러는데 송도 해수욕장이 유일하잖아. 한강에 있는 거 하고 여기 송도에 와서 수영하는 거하고 다른 거예요, 그게. 바닷물이니까. 인천을 자주 왔다 갔다 했어요. 그런 데다가 『심청』 쓰고 뭐 어쩌고 하면서 인천 자료를 많이 주셨잖아 옛날 재단 초기에, 내가 그거 다 가지고 있거든. 그래서 인천 개항기 때부터 지리 공부를 많이 해서 동네를 잘 압니다. 남들은 뭐, 야 인천 사람만큼은 아녜. 그러지만, 사실은 슬쩍 이렇게 커닝도 해서 아는 척하는 거죠.

최원식 정말 인천과 인연이 깊군요. 덕분에 인천도 호강합니다.

황선생은 이 작품을 "사건의 조서와 법정 기록에 이름만 나와 있는 무수한 민중의 조합"인 그 무명의 "한국노동자들에게 헌정"(619쪽) 한다고 하셨습니다. 이 소설은 무슨 영웅적인 노동자가 아니라 우리 문학사에서 생략된 철도노동자 내지 산업 노동자가 집합적 주인공으로 등

ⓒ경인일보 조재현 기자

『철도원 삼대』가 성취한 민담적 리얼리즘의 세계 129

장한 진정한 의미의 첫 장편으로 됩니다. 식민지시대의 장편으로는 강경애의 『인간 문제』(1934)가 전사지요. 황해도 용연(실은 장연)의 농민이 인천에서 노동자로 다시 태어나는 이야기. 그러니까 반은 농촌 이야기고 반은 노동자 이야기죠. 요컨대 한국노동계급의 형성을 다룬 셈입니다. 그리고 젊은 연구자들이 발굴한 작품인데, 곽학송의 『철로』(1955)라는 장편이 있어요. 곽학송은 반공문인인데, 이 작품에서는 반공문인이라는 자기 제한으로부터, 이게 바로 작가들이 훌륭한 점인데 훌륭한 작가들은 작품 실천에서는 자기의 이데올로기조차도 극복하거든요. 인공 치하의 수색역 정보 통신 분소가 무대인데 철도와 철도원이 주인공이 된 첫 장편으로서 나름대로 꽤 재미있습니다. 일용 노동자들의 집단노동을 다룬 황석영 선생의 중편 『객지』(1971)가 한 분수령이고, 『난쏘공』(조세희, 『난쟁이가 쏘아올린 작은 공』, 1978)은 인천의 노동자들을 다룬 중요한 업적이지만 접근 방식은 좀 다르죠. 돌아가신 김종철 선배가 『난쏘공』을 높이 평가하면서도 현실세계가 너무나 예쁘게 그려졌다고 얘기함으로써 난쏘공의 어떤 한계를 지적했는데 일리가 있어요. 요컨대 『철도원 삼대』는 강경애와, 곽학송, 『난쏘공』, 또 당신의 중요한 첫 중편인 『객지』조차도 다시 해체해서 재구성한 문학사입니다.

황석영 『오래된 정원』, 『손님』 등등, 막 불같이 열화같이 막 연이어서 쓰잖아요. 석방 이후에 그래서 한 30여 권의 책을 썼는데 늘 뇌리에, 저거 써야 할 텐데. 숙제 안 한 애들이 그러하듯이. 늘 이게 있는 거야 머리 뒤에. 근데, 이게 왜 안 써졌냐. 한국 문학에서 노동자의 얘기 또는 노동운동의 세계 이게 빠져있는 이유를 알았어요. 식민지 시대의 시작부터 러시아혁명과 함께 사회주의가 들어와서 노동운동이나, 소작쟁의 같은 농민운동도 포함해서인데, 이런 민중운동의 출발이 사회주의적 이념 아래에서 조직되고 지도되고 그러면서 또 성장해 왔거든요. 운동의 최정점은 당 건설이다, 이건 정치운동에서 당연한 거니까. 공산당을 건설하고 조직하기 위한 운동으로서 그것을 전제로 한 민중운동을 했다는 것이죠. 이거 건드렸다면 빨갱이 되고 큰일 나고 게다가 6·25까지 겪고 또 좌우 이념으로 서로 죽이고 살리고 하는 피비린내 나는 기간 거치고 그다음에는 반공 군사 독재 정권이었으니까, 이걸 다루고 자시고 할 겨를이 없는 거예요. 이런 자료 자체를 보는 것조차도 위험한 상태였기 때문에 아마 조세희 내 친구지만 세희는 그렇게 예쁘게 이렇게 상징적으로 왜곡해서 이렇게 돌려서 하는 방식을 취했지. 방북하고 나서 제 안에서 그런 게 깨져 나가고 그러면서 좀 활달해지고 자유로워진 면이 있습니다. 그러면서 과거 리얼리즘의 룰에서도 자유로워지면서 『철도원 삼대』가 나올 수 있었지 싶어요. 이젠 조선공산당 운동을 하던 이재유를 중심으로 한 경성 트로이카 책도 나오니까, 훨씬 자유롭게 이야기로 쓸 수 있었지 않나. 좀 미흡하긴 하지만, 아직 미흡합니다. 제가 제 역할로 벽돌 한 개를 이렇게 비어 있는 곳에 채워 넣었다, 이렇게 담쌓는 데도 하나 채워 넣었다 하는 그런 생각을 합니다. 앞으로, 그 이후에 또 어떤 작품을 쓰게 될지 모르지만.

최원식 저는 그동안에 한국 사회를 지배하던 반공이라는 족쇄가 워낙 세서 그랬다는 것에 동의하지만 또 한편으로 작가들이 민중을 자기식으로 어떻게 보면 만들어 썼잖아요. 노동자들을 실상에서 파악했다는 게 더 중요한 것 같아요. 그렇지 않았으면 그냥 지금까지 억압됐던 조선 공산주의 운동을 드러낸다는 수준에 그치지요. 이 작품은 그런 수준의 작품이 아니에요. 그들을 말하자면 민중의 실상으로부터, 생활 세계로부터 그들을 다시 살려낸 거······.

황석영 세계라는 말이 굉장히 중요합니다.

최원식 황석영 작가가 그동안 살았던, 부딪히며 살아냈던 모든 경험을 통해서 지난 공산주의 운동 또는 지난 민중운동을 다시 본. 다시 파악해낸 그 눈이 살아 있기 때문에 이 작품이 중요한 거지.

황석영 그거를 뭉뚱그려서 디테일이라고 얘기를 하는데 디테일이 전체를 결정하기도 하죠.

민간 기억법으로서의 철도원 삼대

최원식 우리나라 공산주의 운동이나, 어느 나라 공산주의 운동이나 한계는, 사르트르가 '신사 프롤레타리아 문학'이라고 명명했듯이, 지식인 운동이었다고 할 수 있어요. 동학 2세 교주 해월 최시형처럼 민중 속에서 걸어 나온 민중의 지도자가 드물었어요. 프로문학 작가일수록 자신이 노동자가 아니라는 데서 오는 어떤 초조함 때문에 더 노동자들을 영웅화하고 이상화하는 혁명적 낭만주의로 질주하는 경향이 없지 않잖아요. 이 장편은 그 점 때문에 더욱 중요하다고 저는 생각을 합니다. 또

한 노동자를 생활 세계의 실감으로부터 이렇게 그려낼 수 있게 된 데는 '조선적 리얼리즘' 또는 '민담적 리얼리즘'이라는, 황선생 특유의 기법이, 단순히 기법은 아니에요, 한몫을 합니다. 흔히 남미의 '마술적 리얼리즘'을 높이 평가하는 것에 대해서 황선생은 언어(곧 기억)를 잃어버린, 식민지 지배자의 언어로 쓰인 한계를 지적했는데 저도 동의해요. 남미의 마술적 리얼리즘이란, 이렇게 얘기하면 너무 야박하다고 할지 모르지만, 서구문학의 연장을 넘어선 것이 아니라고 생각을 합니다. 도시파 정통 리얼리스트였던 황석영 선생이 서서히 서서히 우리의 이야기 전통의 여러 양식을 들여다보면서 왕년의 리얼리즘과 협동을 실험하는 모습이 인상적입니다.

황석영 그런 점은 굉장히 흡족하게 생각합니다, 자연스럽게 서로 녹아 있다고. 『손님』 같은 경우에는 황해도 '지노귀굿'의 형식의 틀에 맞춰서 딱 짜놓은 듯한 그런 부자연스러움이 있는데, 『철도원 삼대』의 경우에는 그냥 생활 속에서 녹아서 그냥 옆 동네에서 하는 일처럼, 완전히 과장이고 거짓말인데도, 정말 그것이 리얼한 현실인 것처럼 같이 가는 게 그냥 자연스럽게 그렇게 되더라고요. 민중의 일상이 쌓이면 그게 역사가 되잖아요. 근데 사실은 그 역사라는 건 일상이 그냥 쌓여서 된 게 아니라 중간 단계에 뭐가 하나 있어야 해. 그게 뭐냐 하면 그래, 이게 구라야. 민담이야. 지가 겪은 얘기, 지가 겪었던 세월, 이런 것들에 막 거기다 살도 붙이고 과장도 하고 잘난 척도 하고, 그것이 민담의 세계인데 거기에 가치 부여도 하고 여러 가지 의미 부여도 해서 이렇게 딱! 하면 이게 역사가 되는 건데, 그래서 나는 역사가 되기 전 단계에 그 민담이 우리 소설 양식으로 대단히 중요하다, 아까 중남미 소설을 얘기했지만 마술적 리얼리즘 또는 환상적 리얼리즘은 완전히 말살돼버린 세상의 기법이야. 언어는 물론 뭐 심지어는 핏줄까지도 말살돼서 백인의 피가 많이 섞였을수록 상층부야. 인디오 원주민에 가까울수록 하층민이고, 계급을 피가 결정을 해요. 그렇게 말살됐어요. 그래서 거기는 과거를 구라로서 불러 볼 수가 없어요. 다 말살됐으니까. 그래서 희미한 꿈처럼 이렇게 소환하는 거예요. 그러니까 신화적이죠. 마르케스의 소설을 보면, 자세히 보면 대단히 신화적입니다. 근데 우리는 한 100여 년 정도의 세월은 구전으로 다 남아 있어요. 몇십 년 전만 해도 동학에 대해서 취재를 가보면 바로 엊그저께 일어난 일처럼 노인들이 얘기를 해. 직접 겪은 6·25 얘기는 말할 것도 없고, 그렇게 생생하게 소환할 수 있어요. 우리와 다른 점이 바로 그거구나. 우리는 민담이 살아있구나. 민담은 지금 우리한테 콘텐츠가 어마어마합니다. '한국구비문학대계'라고 100권짜리 책이 있어요. 아마 조동일 선배가 전두환 때 일해재단에서 예산 받아서 한 일 중에 그게 유일하게 업적인데, 제가 전질을 다 갖고 있는데 그걸 보면 한 6만 개 정도의 우리 민담이 아주 훌륭한 콘텐츠죠. 요새 뭐 전 세계가 코리안 콘텐츠를 찾아서 지금 난리가 났어. 우리는 스토리의 나라니까. 여러분들도 생각이 있으면 그 부분을 좀 주의해서 잘 보세요. 거기에 우리 이야기의 원형이, 어마어마한 보물 창고가 들어있어요. 공부들 하세요. 난 이 얘기를 한 수십 년 전부터 하고 다녔어. 민담의 원형이 거기에 다 있다고.

최원식 저도 계명대 교수할 때인가? 70년대 말인데, 소백산에 답사

가서. 소백산이 해월이 잠수 타던 데 아니에요. 거기서 최시형 얘기 들려주십시오. 그럼 몰라.

황석영 최보따리.

최원식 "최보따리" 그러면 "아, 최보따리!" 하면서 얘기를 풀어놓는데 그때 깜짝 놀랐어요.

황석영 저도 그런 얘기 들은 적 있습니다.

최원식 최시형이라는 사람이 정말 대단한 사람이라는 걸 그때 깨달았는데…….

황석영 골 골 산골마다 그 일화가 많이 남아 있어요.

최원식 1장에서 농성 장면이 핍진한 데 놀라고, 이진오가 굴뚝에서 안개로 걸어들어가는 데서 현재와 과거가 천의무봉으로 연결되는 것을 보고 감탄을 금치 못했습니다. 그런데 그 질감이 전작들과 달랐어요. 70년대 단편들처럼, 어디 하나 비집고 들어갈 데가 없을 만큼 쨍쨍한 리얼리즘도 아니고, 『손님』 이후에 조금씩 풀어진, 사실은 부러 푸셨는데, 이건 그것도 아닌 거예요. "나는 근대의 자식"(대담 354면)이라는 작가의 고백처럼 황석영은 농촌이 강한 한국근현대문학에서 염상섭·박태원의 비판적 계승자로서 도시파를 대표합니다. 70년대 민족문학을 양분한 김지하와 황석영을 도식화하자면 시인이 농촌파라면 작가는 도시파인데, 『철도원 삼대』에 드러난 질감은 『손님』에까지 연장된 쨍쨍한 리얼리즘과 그 이후의 의식적 이완과 해체를 가로지른다고 할 수 있습니다. 이 작품에서 두 계열이 매우 흥미로운 종합의 어떤 결실을 본 거라고 생각하는데 "민간 기억법으로서의 민담을 소설의 그릇으로 삼는다"(대담 349면)는 민담적 리얼리즘 또는 조선적 리얼리즘이 뜻깊은 성취를 이루었습니다. 앞으로 황선생의 작업에 더 기대를 걸게 됩니다.

아까도 말씀하셨지만, 내년이 80이고 등단 60년을 맞이하십니다. 거기다가 올해, 황석영 선생의 오랜 문학적 고향인 호남으로부터 지금 경기도 광주로 이사를 하셨어요. 이사 하는 와중에 인천 오신 거, 굉장히 고마운 일이에요. 그런데 작가들 한테는 거처의 이동이 중요한데, 저는 또 형님의 작업이 어떤 변화를 겪을지 걸 기대입니다. 마지막으로 등단 60년을 맞이하는 감회를 말씀하시면서 또 『철도원 삼대』에서 혹시 아쉬운 점이 있었다면 무얼지요?

황석영 아까 말씀드린 것처럼 만주 부분을 일부러 간략하게 하면서 우회해 간 거 그게 좀 아쉽고요. 만주 얘기나 철도 얘기는 근대 이래로 지금도 쌩쌩하게 남아 있는 과제입니다. 제가 여러분과 노력해서 평화열차라는 걸 만들어서 대륙하고 대륙으로 연결되는 여러 가지 프로젝트로 시민운동을 하고 있는데, 욕 먹으면서 보수들하고 어떻게 해보려고 그랬던 알타이 연대에 대한 꿈은 제가 만년에 장편소설 세 편 쓰는 거 외에 남는 시간은 그 일에 바치려고 그럽니다. 『철도원 삼대』를 좀 진작 썼으면 좋았을걸. 아까 말씀하신 대로 『손님』을 마치자마자 그걸 썼으면 참 좋았을 텐데. 제가 문학동네와 창비를 번갈아 사용했잖아요. 왔다 갔다 하면서 양쪽에서 돈 받았잖아. 또 거기 가면 또 거기에 맞춰서 또 어떻게 장사를 해줘야 하잖아요. 그러니까 뒤로 미루어지다 보니까 이게 너무 늦어졌어요. 그러다가 『수인』이란 자전으로 끝날 것 같으니까 급해진 거죠. '야 이거 여기서 끝내는 거야?' '야 이거 안 되는데.' 정립을

해야 하는데. 죽기 전에 '미수꾸리'[2]를 해야 되잖아요. 그렇게 본다면 '첫 번째 미스꾸리의 첫 번째 작품으로 『철도원 삼대』가 있어 주어서 다행이다' 하는 생각이 듭니다.

최원식 여러분, 황선생, 별명이 뭔지 다 아시죠? 정말 말씀을 재미있게 하시는데, 제가 사회가 미숙해서 덜 재미있게 해서 죄송합니다. 그래도 오늘 저로서는 굉장히 의미가 있었습니다.

황석영 최선생하고 얘기하면 늘 재미있어요.

최원식 감사합니다, 형님.

황석영 배우는 것도 많고.

질의응답

최원식 다섯 분의 질문이 모두 흥미롭습니다.

청중1 작가님 작품에서 초현실이 등장하는 이유가 궁금합니다. 예

---

[2] 일본어 '니즈쿠리(荷造にづくり)'가 한국화한 말로 "짐을 꾸림"이란 뜻.

를 들면 주안댁의 등장 장면은 매우 흥미로웠습니다. 개인적으로 작가님에게 그러한 경험이 있으신지요? 조상신을 보셨다거나, 그 존재를 느끼셨다거나.

황석영 예. 초현실이라는 건 현실의 그림자 같은 거니까, 같이 있는 거죠. 종이 한 장 차이인데. 저는 신비주의를 믿지는 않지만 겪은 적은 꽤 있습니다. 귀신의 형상도 본 적이 있고, 근데 우리는 무심해서, '저게 지금 귀신이었나?' 하기도 하지요. 우리 민담의 세계를 보면 참 재밌어요. 제가 난지도 쓰레기장 얘기를 이렇게 돌려서 도깨비 얘기를 한 적이 있어요. 『낯익은 세상』이라는 경장편인데, 쓰레기장에서 자라나는 애들 얘기거든요. 우리가 지금 알고 있는 도깨비. 뿔 달리고 몸 시뻘겋고, 예전에 공산당을 그릴 때도 또 그렇게 그렸어, 털 많이 나고 빤스 같은 거 입고 가시 달린 몽둥이 들고 다니고. 그거는 우리 도깨비가 아닙니다. 식민지 시대 일본에서 들어온 '오니'라는 도깨비예요. 우리 도깨비는 김 서방이야. 옆집 아저씨도 되고, 김 처자도 되고 다 돼요. 옛날에 짚신도 짜고 빗자루도 싸리로 엮어서 만들고 나무 깎아서 비녀도 꽂고 그런 것들을 몸에 지니고 정도 붙이고, 사람이 그러다 죽으면 그 물건이 그 주인의 행색으로 나타나서 장난치고 그래요. 도깨비는 물건의 기억에 관한 정령이란 말이에요. 그게 우리식 도깨비의 정의입니다. 코카콜라나 맥주 깡통은 도깨비가 안 되지. 근데 원주민이 살았던 흔적으로 남아 있는 오래된 절구라든가 뭐 무슨 뒤축 떨어진 고무신이라든가 이런 것들은 도깨비가 될 수가 있죠. 원주민의 폐허에서 놀고 있는 물건의, 기억의 정령들, 그 어린 도깨비들하고 현대 쓰레기장에서 살고 있는 난민의 아이들이 같이 어울려서 뭐 얘기가 벌어진다, 이런 게 『낯익은 세상』이라는 경장편입니다.

소설가뿐만 아니라 우리는 누구나 다 이야기꾼입니다. 사람은 태어나면서 다 얘기꾼이고 아마 인간의 문명이 존재하는 한 서사는 사라지지 않을 거예요. 왜냐하면 존재 자체가 서사니까. 여러분 꿈꾸면 리얼리스틱하게 꿉니까? 생생하게 현실처럼 꾸긴 하지만 자신이 곤란한 건 또 왜곡시키고 추상화시키고 그러잖아요. 현실에서 내가 못 했던 것의 확장이기도 하고, 또 감추고 싶은 것에 대한 은유이기도 하고. 사람이 현실과 꿈을 동시에 자기의 24시간 속에서 공유하고 있는 것처럼 소설도 마땅히 그래야 하겠죠.

청중2 쓰셨던 작품에 등장하는 모든 인물 중 작가님과 가장 닮았다고 생각되는 인물이 있으신지요? 또 하나는, 작가님 본인을 한 단어로 표현해 보자면 어떤 단어가 떠오르는지.

황석영 아니 저보고. 저기, 조그만 방이라도 있으면, 뭡니까? 신부님한테 가서 하는 거. 고해 성사로 그걸 얘기해야지. 어떻게 이렇게 대중 앞에서 그걸. 허허허. 예. 글쎄요. 그건 문청 때나 그러지. 저는 프로입니다. 제가 60년 해 먹어서 구렁이가 다 됐어요. 그러니까 이제 자기를 잘 안 써먹어요. 자기를 숨기는 게 훨씬 좋습니다. 그러니까 문청 때는 예를 들면 『객지』의 주인공 동혁의 어떤 면모. 내가 있어. (웃음) 이렇게 근사하게 그리고 싶어 하고, 그런데 이제 그게 점점 시들해져서요. 그걸로 먹고 살아보세요, 자기가 의식되지는 않아요. 금방 딱 백지를 마주하고, '소설을 쓴다' 하는 자세에 싹 들어가면 객관적인 세계로 딱 들어갑니다. 이미 그렇게 돼버렸어요.

최원식 프로가 뭔지를 보여주시네. 세 번째 질문입니다.

청중3 신금이, 일철, 이철, 박선옥 등 모든 등장인물이 주인공으로 느껴져서 나도 이 시대의 주인공 중 하나일 수 있다는 생각을 해봤습니다. 방탄소년단, 오징어 게임 등과 함께 살고 있는 우리, 지금이 최고의 시기일까요?

황석영 지금 기회죠. 저는 동북아가 이렇게 지금 변하는 길목이 꼭 19세기에 서구 제국주의가 일본에 주었던 역할을 우리 한반도에 기대하고 있는 것 같은 느낌을 받습니다. 굉장히 찬스예요. 활용당하면서 활용할 기회가 온 것 같고요. 통일에 대한 전략도 여러 가지로 다 이렇게 좀 굉장히 더 폭넓게 변화시켜서 사고할 필요가 있고, 그렇게 본다면 세계에 그런 관심과 초점이 모인 지금, 굉장히 좋은 기회입니다. 아마 한국의 문화 콘텐츠가 향후 한 수십 년은 대단히 세계적인 화제를 일으킬 거라고 생각을 합니다.

청중4 작가님은 오랫동안 민중 또는 사회적 약자에 관심을 갖고 소설 속에 형상화했습니다. 유례없는 코로나 팬데믹으로 인해 전 세계가 고통을 겪고 있지만 우리나라는 자영업자 소상공인들이 사회의 말단에서 힘든 현실을 겪고 있습니다. 현재의 사회적 약자라고 할 수 있겠죠. 소상공인 자영업자를 작품으로 그릴 계획이 있으신가요?

황석영 글쎄요 그건, 전 세계가 다 그렇죠. 그리고 지금 산업의 전환기거든요. 아마 더 심화될 겁니다. 빈부 차이는 더 심해질 거고, 왜냐하면 노동의 내용이 바뀌니까. 그러면 현재와 같은 식의 사회구조나 자본주의 구조로는 점점 힘들겠죠. 그러니까 새로운 공동체주의 이런 게 사고되어야 할 텐데, 이게 사실 과도기거든요. 이게 바뀌고 있는데, 일거리, 일자리가 변형되고 줄어들잖아요. 어떤 거는 굉장히 번성하고 어떤 건 없어지고, 노동 집약적인 건 점점 전멸해 가는데 기기가 다 AI가 다 알아서 하고 이러면서 4차혁명 어쩌고 그러는데, 그럴 때 가장 중요한 게 이제 인간이 어느 정도 개입하고, 어느 정도 자기 일을 통해서 먹고살 수 있느냐?입니다. 이제 대다수가 몰락하고 가난해지고 그러면, 상층부에서 인민의 선출을 받고 위임받은 그런 선한 권력이, 교통정리 좀 해서 사회적 일자리를 만들어서 분배를 다시 시작해야 하는데, 현재의 자본주의 체제 갖고 이게 가능할 것인가. 이미 사회주의에서 실패해 봐서 잘 알잖아요. 이걸 어떻게 할 것인가 하는 얘기들을 서구 좌파나 서구의 진보 지식인들이 맹렬히 지금 논쟁하고 토론하고 그러고 있는데요. 자본주의 미래에 대해서도, 가능성이 있다고 보는 쪽도 있지만, 대부분이 비관적으로 본다는 거죠. 그렇다면 우리가 이제 그런 변화의 과도기에 있는데 이 이행기의 고통을 얼만큼 줄이고 빨리 벗어날 수 있느냐 하는 것은 우리의 노력에 달려 있다. 이렇게 얘기를 합니다. 그러니까 아마 포스트 코로나 이후의 과제는 또 다른 사회 개조, 사회 변혁에 대한 그런 얘기가 되겠죠. 지금 이미 시작됐다고 해도 과언이 아닙니다. 재난 구조금이 가는 방식. 국가 권력이나 정부가 어디까지 개입해야 하는지. 그런 걸 창출하려면 어떤 노력이 필요한지. 자본은 어떻게 변해야 하는지. 이런 것들을 한번 생각해 보시면 잘 아실 겁니다. 제가 뭐 자영업자나 소상공인을 위해서 소설을 쓸 생각은 없습니다.

최원식 영화가 하나 생각나는데, 〈극한 직업〉인가 하는 영화에, 자영업자들을 우습게 보는 말을 누가 하니까 "자영업자 우리들 목숨 걸고 장사해" 하는 말이 나오거든요. 그 영화에서 그 대사 하나가 제 마음에 박혔는데. 아마 그런 뜻으로 질문하신 것 같아요. 옛날 같으면 자영업자 소상공인이라면 소시민으로 내치던 계층이었는데 이런 전통적인 구도가 지금 사라지고 있기 때문에. 이런 계층에 대해서도 관심을 가져 달라는 말씀이신 듯해요.

황석영 네. 시민운동이라고 그랬을 때 자영업자나 소상공인들이 이제 굉장히 중요한 중심축을 이루죠. 2000년대 들어오면서 한국의 정치운동이나 사회운동이 시민운동화되면서 이 사람들 역할이 굉장히 커졌거든요. 전 세계가 코로나 이후, 산업사회 재편성 이런 걸로 자본가 밖의 계층이 광범위하게 몰락하고 있어. 일본도 마찬가지입니다. 유럽도 그렇고. 아마 자본화의 진전이 되면 될수록 저쪽은 부가 엄청나게 쌓이고 여기는 지금 곧 죽을 지경이고, 이렇게 될 텐데. 그러면 과거처럼 혁명하냐? 다른 방도가 있겠죠. 지젝(슬라보예 지젝)은 '네오 코뮤니즘'을 제창합니다. '신 공동체' 이렇게 번역했는데 아마 그자는 '뉴 코뮤니즘', '신 공산주의' 이렇게 표현하고 싶었을 거예요. 인민의 선출에 의해서 그걸 위임받은 선한 영향력이, 구제금융, 구제금융이라는 건 그냥 돈을 만들어주는 거 아니오. (웃음) 사회적 기업으로 일자리와 일거리를 만들어내서 배분하는 그런 역할을 하는 정부나 정치 체제에 의해서 가능하다 뭐 이런 얘기 아니겠어요. 하여튼 그런 어떤 사회구조, 경제구조, 경제 체제 변화의 이행기 속에 우리가 있다, 그런데 그걸 더 촉진하는 게 코로나 상황이다, 팬데믹 상황이다, 이렇게 보는 사람들이 많습니다. 그리고 굉장히 중요한 것은 벌써 우리가 산업화 절정에 올라갔을 때 한 20년 전부터 포스트모던 얘기를 하면서 주체 논쟁을 했습니다. 주체가 있냐 없냐 어쩌고, 저쩌고. 그러다가 그 다음에 '야 왜 인간 중심이냐? 인간 빠져라.' 그럼 다 같이 생태계 전체를 놓고 얘기하지. 아! '그러면 어떡하란 말이냐?' 그러니까 "야, 불교 찾아봐라." 그러니까 불교에서 뭐라 그래? 인드라의 그물망(因陀羅網). 관계의 그물망 속에 있다. 우리가. 관계의 그물망. 그것만이 현존하는 주체다. 뭐 이렇게 얘기를 합니다. 변화하는 세계를 한 번 상상해 보시기 바랍니다.

최원식 아까 황선생이, 1차 대전을 고비로 20세기가 시작됐다고 말씀하셨는데, 저는 21세기는 무엇을 고비로 시작될 것인지 들여다보고 있는데. 1차 대전과 1차 대전의 폭발 속에서 발생한 러시아혁명이 20세기를 주조했다면 아마도 팬데믹이 일어난 2020년이 21세기를 만들어 갈 거라는 생각이 듭니다.

황석영 동감입니다.

최원식 그 점에서도 이 질문이 흥미롭습니다. 소시민 또는 시민 문제는 전통적인 구도로 되지 않는, 그럼에도 불구하고 또 청산주의로 가서도 안 되는 도전인데 이 도전이야말로 작가들에게는 창조적인 계기가 될 것을 믿습니다. 마지막 질문은 질문이라기보다 우리 황선생에 대한 부탁입니다.

청중5 인천 문화관광해설사로서 문학 동아리 활동을 하고 있습니다. 오늘 뵙게 돼서 너무 반가웠습니다. 11월 29일 월요일 『철도원 삼대』 투어에서 마지막 영등포 답사를 마쳤습니다. 『철도원 삼대』 속 인천과 영등포에 대한 말씀, 도움이 많이 되었고

요. 개인적인 꿈입니다만 황석영 작가님과 함께 인천과 영등포 현장 답사를 진행하게 되길 살짝 바랍니다. 물론 강건하시길 바랍니다.

황석영 감사합니다. 언제 한번 코로나 사태가 풀려서 한 100여 명 모아서 그러면 내가 장소 장소마다 안내도 하고요. 어느 장소를 정해서 기다렸다가 만나기도 하고 이렇게 하면 좋을 것 같아요.
그래요 그러려면 우리 저 최선생이 나하고 같이 살자고. 날 좀 데려오려고 그랬어요. 지방자치 선거가 있고 그래서 보류했어요. 일단 경기도 광주에 짐을 풀었는데 또 어디어디서 오라고 그래요. 사실은 나는 인천에서 죽었으면 좋겠어요. 왜냐하면 내 문학이 여기 맞아요, 인천하고. 그리고 나는 뭐 고향도 없는 사람이고. 여기 3·8 따라지들, 말하자면 북한 피난민들도 많이 살고.

최원식 1세들은 물론 2세들도 인천 시민으로 살고 있죠.

황석영 창고면 족해요. 뭐 난 수백억 들여서 문학관 짓고 그런 짓은

안 하니까, 그거 한번 좀 최선생 원로니까 아랫것들 좀 시켜서 찾아보시고.

최원식 황선생으로부터 큰 선물을 받았습니다. 그 선물에 보답하기 위해서라도 우리 황 선생의 소원이 이루어지도록 우리 모두 함께 노력합시다. 황석영 선생께 드리는 큰 박수로 오늘의 콘서트를 끝내겠습니다. 청중 여러분, 감사합니다.

기차를 노래한 시편 ❼

기차에 대하여

백무산

달리는 기차를 본다 멈추지 않는 기차를
멈추지 않아 아무나 탈 수 없는 기차를
내릴 수도 없다 그만 내리고 싶어도 내릴 수도 없는 기차
기차의 속도로 달려야만 탈 수 있는 기차
내리고 싶을 때 내리는 자는 치명상을 입는다

세워주지 않는 저 기차에 우리 모두가 이미 타고 있다
악몽 때문이다 탈 수 없는 기차를
이미 타고 있는 것은 악몽에서나 허용된다

기차가 멈추지 않고 달릴 수 있도록 우리는
몸을 던져 연료가 되는 자들이다
기차를 세울 수 없는 것은
기차의 목적지는 기차 안에 있기 때문이다.

목적지가 있는 사람은 기차를 탈 권리가 없다
기차의 목적지는 달리는 속도에 있다
저 기차가 왜 우리에게 있을까 아무도 묻지 않을 만큼
우리는 내릴 수 없는 기차를 타고 있다

―『기차에 대하여』(『신생』 2020. 가을호)

백무산(1955~)은 경북 영천 출생이다. 김정환 시인의 같은 제목 연작시가 나온 이후 30년 만에 쓴 시이다. 우리를 끝없는 목적지로 내모는 기차는 자본주의의 '거대한 일상'에 속도를 올리며, 지금 이곳이 여전히 디스토피아임을 보여준다.

부록

철도원 삼대 가계도 _김경은

『철도원 삼대』에서 그린 근대의 풍속 _이설야

철도원 삼대 **가계도**

정리 **김경은**

시조(始祖)
송림산 언덕배기에 거주했다. 조깃배를 탔고 공판장에서 잡어를 넘겨받아 식당에 팔았다.

이천만
결혼하고 연안 화물선을 타면서 강화 지산리에서 인천으로 이주했다. 훗날 일본에 정착한다.

이백만
인천 요시다정미소 보조 일꾼으로 지내며 선반 기술을 배우고 경인철도 선반부로 이직한다. 5년 후 영등포 공작창 정식 고원이 된다.

주안댁
인천에서 생선을 떼어 방문 판매하다가 영등포시장에 좌판을 벌였다. 일찍 세상을 떠났지만 늘 집안일에 간여했다.

이일철
철도종사원양성소를 졸업하고 경인선 경부선 경의선 등을 운행했다. 해방 후 노조 지도부로 활동하다가 월북한다.

신금이
김포 출신, 영등포 방직공장에 취직해 독서회 활동을 하고, 파업으로 해고된 뒤 결혼해 철도원 집안을 이끌어간다.

이지산
해방 정국에 월북, 철도원학교에서 기관수 교육을 받았다. 전쟁터에서 기관차가 전복돼 한쪽 다리를 잃었고 포로수용소를 거쳐 집으로 돌아왔다.

윤복례
지병으로 사별한 전 남편과의 사이에 딸이 하나 있다. 지산과 재혼했으며 시장에서 시어머니 신금이와 함께 옷가게를 꾸려나갔다.

이진오
복직과 고용승계를 위해 400일 동안 굴뚝농성을 한다. 현실도 환상도 아닌 경계지대에서 집안 내력을 떠올린다.

『철도원 삼대』는 이진오 집안의 삼대를 다루지만 이는 1세대에서 시작되는 우리나라 철도기관사들의 이야기이기도 하다. 근대의 아이콘 철도가 제도와 경제활동을 어떻게 바꾸어놓았는지 철도원 집안의 기록을 통해 보여주고 있다. 인천에 와서 송림산 언덕배기에 자리 잡았던 이백만의 아버지는 철도원 집안의 시조이며 그로부터 4대가 흘러 노동자 이진오에 이르렀다.

이십만
미두사무소 사환으로 시작해 정미소와 미곡상을 운영하는 사업가로 성공한다. 이일철의 월북을 돕는다.

이막음
주안댁이 죽자 이백만 집에서 집안일을 하며 조카들을 돌본다. 3년만 살고 온다고 만주 신경으로 이주했다가 해방 후 소식이 끊겼다.

강목수
문래정에 영단주택 100채를 하청받아 지었다. 만주로 가족과 이주해 일본 토건회사 현장기사로 일한다.

이이철
철도공작창 인부로 근무하다가 파업 해고당한다. 방직공장, 전기공장 등에서 노동자들을 조직한다. 경찰의 감시망을 피해 인천으로 이주해 활동하다가 체포돼 옥사한다.

한여옥
일본, 중국으로 떠돌다가 국내로 들어와 조직활동을 했다. 이이철과 아지트부부가 되었다가 진짜 부부로 살지만 아들 장산이 죽고 만주로 떠나 소식이 끊겼다.

이장산
백일 치르고 몇 개월 지나지 않아 홍역으로 죽었다. 이때 아버지 이이철은 감옥에 있어 아들의 얼굴을 본 적 없다.

『철도원 삼대』에서 그린 **근대의 풍속**

정리 **이설야**   그림 **윤혁준, 이설야**

『철도원 삼대』는 일제 강점기 민중의 삶을 핍진하게 그리고 있다. 한국 최초의 철도인 경인선에서 시작하여 경의선, 안동-신경선으로 이어진 대서사를 따라가면, 그 시대의 생활 공간과 양식의 변화가 우리의 의식에 어떻게 영향을 미치고 있는지, 우리가 어떤 미래로 나아가야 하는지 상상하게 한다.

사람들은 식민지 시기 하면 가난과 고통으로 얼룩진 어두운 삶을 먼저 떠올린다. 먹을 쌀은 물론 밥그릇과 숟가락까지, 쇠붙이란 쇠붙이는 모조리 거둬가는 일제의 수탈로 민중의 삶은 점점 피폐해졌기 때문이다. 그러나 아무리 힘든 시대에도 웃음과 미담은 존재한다. 가족과 이웃이 만들어가는 잔잔한 일상은 그들에게 팍팍한 삶을 견디며 살게 해주는 힘이었다. 그들이 무엇을 먹고 마시고 어떤 공간에서 생활했는지, 오고 가던 거리는 어떠했는지 알려주는 장면들만 따로 모아 『철도원 삼대』를 구성해도 충분한 의미가 있을 것이다.

작가가 그린 근대의 풍속을 작품 속 문장으로 만나보자.

무얼 먹었을까?

• 조기 •

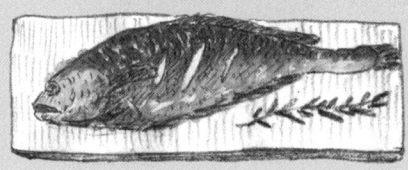

아직 서해에서 조기가 많이 잡히던 시절이었다. … 초겨울에 김장을 하듯이 봄에 조기를 절이고 말리는 일은 집안의 제철 행사였다. (23쪽)

• 황복 •

이백만은 인천에 와서 두어달 동안 일본 여관의 밥붙이로 일하면서 별 재미를 못 보고 지내다가 하루는 부두에 나갔다. … 가만히 넘겨다보니 이맘때면 임진강에 올라오는 황복이었다. (40쪽)

꽁치

"꽁치가 어찌나 통통하게 기름이 배었던지 화로에서 불이 확확 일어나데."

(47쪽)

물텀벙

아무튼 아버지는 물텀벙이를 가만히 들여다보고 앉았는데 그 녀석이 입을 우물거리며 이랬다는 것이다. 예미럴, 예미럴, 예미럴. 분명히 그에게 욕을 했다는 것이다. (65쪽)

장닭

사흘 동안이나 대가리 없는 장닭은 나무 위에서 내려오지 않았다. 먼 데서 사다리를 빌려다 그 집 형이 올라가 잡아 내렸더니 닭은 이미 뻣뻣하게 죽어 있었다. (64쪽)

아지(전갱이), 숭어

일본인들이 아침거리로 구이든 조림이든 국이든 생선을 즐겨 찾아서 아지, 숭어, 청어, 정어리, 병어나 일본인들에게 고급 생선인 도미 복어 등을 제철에 맞게 떼어왔고, 새우 꽃게 대합 바지락 굴 같은 것도 가져왔다. (72쪽)

• 육젓 •

생선을 떼어오기도 하고 오뉴월이 되면 부두에 들어오는 배에서 직접 생새우를 받아다가 집에서 육젓을 담갔다. (72쪽)

• 땅콩 •

아카시아 잎처럼 동그란 잎사귀가 무성한데 손을 더듬어 줄기를 잡고 손가락으로 모래땅을 후벼 뿌리를 살살 뽑으면 작은 혹처럼 매달린 땅콩 열매가 줄지어 나왔다. (108쪽)

● 나박김치 ●

"할머니 떡하구 나박김치 한그릇 시언하게 먹었으면 좋겠네요." (113쪽)

● 구운 청어와 빈대떡 ●

두 사람은 선술집 화덕에서 구운 청어와 빈대떡을 시켜 주전자에 막걸리 받아놓고 판자 선반가에 서서 먹고 마셨다. 먼저 통성명하고 고향이 어딘지 주고받았다. (121쪽)

어죽

운 좋게 마포 강의 명물 장어도 두 마리나 걸려들었다. 어죽이 끓는 동안 그들은 장어를 통째로 지글지글 구워서 소금만 뿌려 첫 소주잔을 들었다. (124쪽)

호박김치

금이는 그맘때에 지산이를 배어서 차츰 배가 불러오는 중이었다. 바야흐로 초여름이었는데 느닷없이 호박김치*가 먹고 싶었다. 호박김치는 주로 가을에 담그는데 찌개용으로 담가서 푹 익기 전에 해물을 넣고 끓였다. (186쪽)

* 황해도와 그 일대에서 담가 먹던 고유음식이다.

가양주

밀주는 도축에 비하면 훨씬 엄중한 범죄였다. 조선 사람은 예전부터 마을의 동제를 위하여 공동으로 술을 담그기도 했고 집집마다 가내 제사며 경조사를 위하여 가양주*를 담갔다. (302쪽)

* 집에서 담근 술을 '가양주(家釀酒)'라 한다. 일제 강점기에 쌀을 수탈해가려고 양조장 이외의 곳에서 술 빚는 일을 금지했다. 이로 인해 전통주의 명맥이 대부분 끊겼다.

연평 굴비

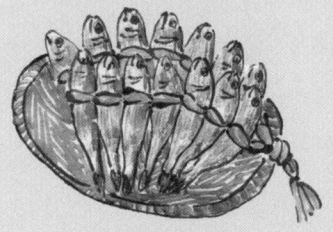

"아니, 장산이 엄마 생각이 나서. 연평굴비를 너무 좋아했거든요." (440쪽)

• 우동 •

신금이는 식어버린 우동을 가만히 내려다보며 중얼거렸다. (456쪽)

• 미삼차 •

겨울철 개성역에 도착하면 미삼차*를 얻어다 마시는 게 근무 일과 중 하나였다. (473쪽)

* 인삼 산지로 유명한 개성에서는 좋은 삼을 팔고, 상품 가치가 떨어지는 인삼 잔뿌리로 차를 달여 마셨다.

비프가스

그는 뒤에 미행이 따라붙은 것을 확인하고 길을 건너거나 공연히 이리저리 골목을 우회하지도 않고 곧장 은행 상점 여관 등이 즐비한 번화가를 내려가서 일본식 그릴에 들어갔다. 저녁시간으로는 아직 이른 때였지만 그는 비프가스를 시켜서 수프부터 차례로 나오는 경양식을 즐길 생각이었다. (497쪽)

함바그

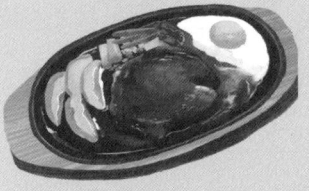

야마시타는 함바그를 시키고는 말했다. (498쪽)

스시

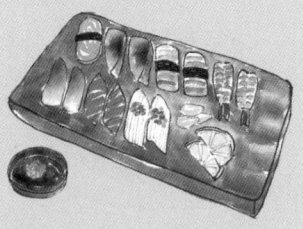

이지산과 신금이는 히카리호 특급열차가 압록강을 건너 안동역에서 멎자 열차식당에 갔다. 자리가 예약되어 있었고 작업복을 벗고 양복으로 갈아입은 아버지 일철이 식당차로 들어왔다. 그들은 음료와 스시를 주문해서 먹었다. (504쪽)

커피와 아이스크림

그들은 대합실로 들어가 남편이 일러준 대로 입구 쪽의 까페에 들어가 앉았다. 웨이터가 와서 주문을 받았는데 막음이 고모는 일본어로 '고히' 두잔과 지산이를 위하여 '아이스쿠리무'를 시켰다. (509쪽)

• 행상이 팔던 식품 •

경성의 아침이 시작되고 있었다. 지게에 두부며 생선이며 반찬 등속을 짊어진 행상들이 종을 울리거나 목청을 높여 두부 사려어, 비웃(청어) 드렁 사요오, 제각기 떠들썩하게 아침을 시작하고 있었다. (481쪽)

무얼 입었을까?

모시 저고리와 몸빼

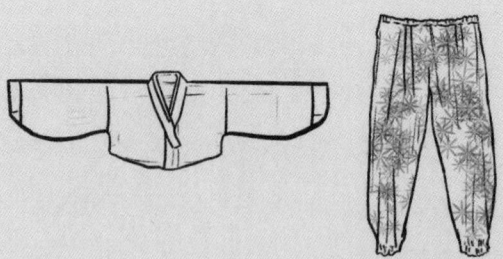

할머니는 고름 없는 여름용 모시 저고리에 일본식 몸빼 차림이었고, 머리는 쪽을 찌지 않고 그냥 동그랗게 자른 짧은 생머리에 센머리가 한 오라기라도 보이질 않았다. 그래서 동네에서는 예전 야학 선생님 같다고 신여성들이라고들 그랬겠지. (23쪽)

각반

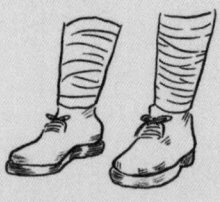

그는 작업모에 작업복을 걸치고 다리에 각반을 찬 차림이었는데 일본 말로 일철에게도 잘 부탁합니다, 하고 인사를 했다. (216쪽)

홀태바지

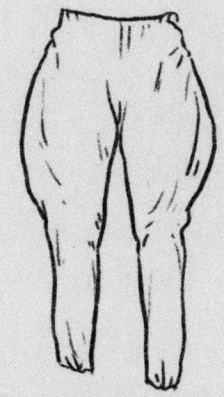

누가 순사 보조 아니랄까봐 그는 헐렁한 양복 상의 아래 홀태바지에다 각반을 두르고 있었다. 아마 안대길 역시 자신의 꼬리를 알고 있었을 것이다. (365쪽)

마고자와 털모자

그가 세 번째로 골목길을 걷고 있는데 바로 맞은편에서 이관수가 걸어왔다. 이관수는 누빈 마고자에 날개를 젖힌 털모자를 깊숙이 눌러 쓰고 있어서 이철은 처음에 그를 알아보지 못했다. (371쪽)

개화치마, 저고리, 외투

박선옥은 그냥 수수한 평상복인 개화치마와 저고리에 외투를 걸치고 여사무원이나 여직공의 나들이처럼 인천으로 갔다. (373쪽)

도리우치

이철이 문 앞에 서서 살피는데 도리우치를 쓴 그 남자가 고개를 숙이고 지나다가 모자챙 아래로 이쪽을 바라보았다. … 개가 틀림없다! (495쪽)

투피스

신금이가 몸을 돌려 다가오는 막음이 고모를 살펴보니 멋들어진 양장 차림이었다. 투피스를 입었는데 어깨에 뽕을 넣어 부풀린 스타일의 상의에 몸에 꼭 끼는 스커트를 입었고, 위에는 가벼운 천의 가을 코트를 단추 끼우지 않고 걸쳤으며, 머리에는 장식 붙은 갈색 모자까지 썼다. … "신여성이 되셨네요." (509쪽)

편의바지

신금이 할머니의 모습과 목소리는 생전과 같았고 옷차림도 시장에 나가 앉았을 때 늘 입던 흰 셔츠에 편의바지 차림이었다. (599쪽)

어디에서 살았을까?

• 맞배집 •

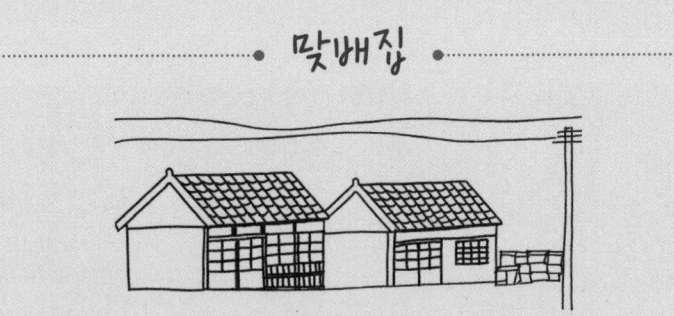

둘은 철로변에 있는 작은 집으로 들어갔다. 한옥도 일본집도 아닌 유리창이 달린 어중간한 맞배집이 길가에 늘기 시작하던 시절이었다.
(188쪽)

• 장방형 집 •

왜식 비슷하게 맞배지붕에 단순한 장방형 집인데 앞마당이 비좁아서 그냥 집 앞으로 길이 있는 모양새였다. 끝 쪽에 판자문 달린 이관수의 방이 보였다. (244쪽)

영단주택

고모부 강목수는 그때 영등포 장로교회의 장로 되는 이가 문래정 제사공장 방직공장 제분공장 등이 몰려 있는 곳에 오백채의 영단주택을 짓는 사업에 하청을 받아 백채를 짓는 공사의 현장감독으로 나가서 일을 다니고 있었다. (271쪽)

초가집 토막촌

이철은 연락을 받고 경성으로 들어갔고 이전에 비상시의 장소로 정해졌던 동대문 바깥 동묘 부근으로 갔다. 동묘를 둘러싸고 번성한 도시 빈민들의 초가집 토막촌의 좁은 골목에는 늘 장사꾼들이 붐볐다. (371쪽)

도시형 서민주택

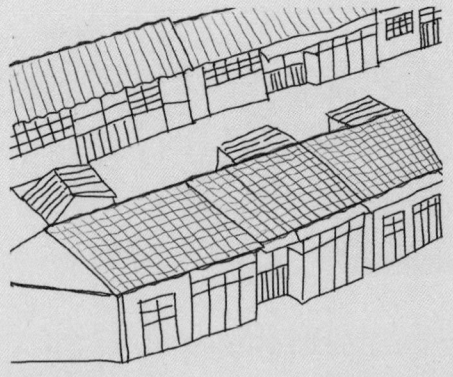

역시 사람이 많은 데가 오히려 한적한 곳보다 안전하다 하여 샛말로 들어가는 철로 연변의 새로 생긴 가게들이 늘어선 동네 뒷골목에 방 두칸짜리 셋집을 얻었다. 한식도 일식도 아닌 맞배지붕의 상자갑 같은 단층집으로 당시의 집장사들이 짓던 도시형 서민주택이었다. 앞에는 세를 놓을 수 있도록 거리 쪽으로 출입구와 유리문이 달린 공간이었고 그 뒤에 딸린 방 한칸, 그리고 문 하나를 사이에 두고 부엌과 마루방과 방이 한칸 더 있었다. (277쪽)

일본식 연립 나가야 주택과 삼사층 목조건물

고모부 강씨는 일본에서 조선을 거쳐 만주까지 진출한 토건회사의 현장기사가 되어 있었다. 그는 특별히 교육받은 바 없었으나 일본식 연립 나가야 주택 또는 영단주택이며 심사층 목조건물 등을 수백채 지은 경험은 일본인 기사들도 따를 수가 없었다. (511쪽)

벽돌집

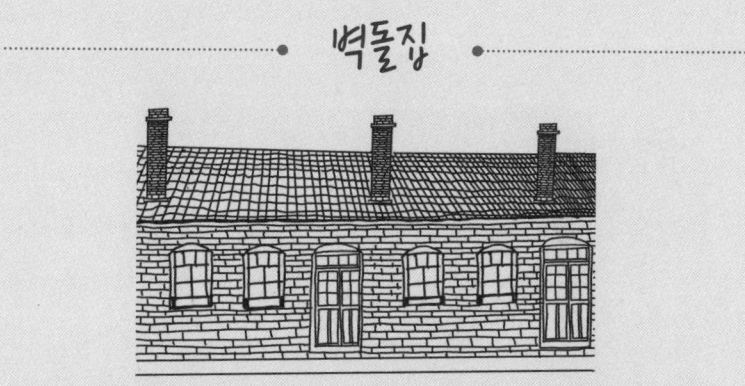

조선이나 일본에서와는 달리 만주에서 예로부터 흔했다는 벽돌집이 반듯하게 줄지어 서 있었다. (512쪽)

생활용품

회중시계

모든 기관수의 회중시계는 시와 분, 초침까지 정확하게 맞추어져 있었다. (215쪽)

주물난로

이백만이 작은 주물난로를 만들어 중방 거실에다 놓았고, 갈탄을 때면서 제법 아득한 집이 되었다. (450쪽)

• 유탄포 •

안에는 군용 수통과 건빵 두봉지 그리고 요강으로 사용할 유탄포* 두 개가 들어 있었다. (478쪽)

* 일본에서 들어온 보온난방기구로 끓인 물을 담아 사용했다. 흔히 유담뽀(湯湯婆)라고 부른다.

 륙색

일철은 아우에게 작은 륙색을 건네주었다. (478쪽)

풍로

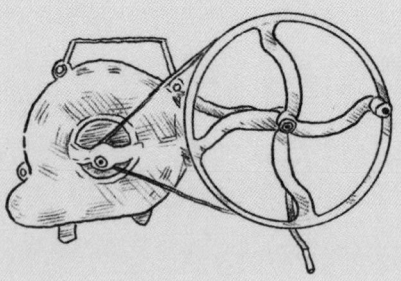

신금이는 시아버지에게 점심을 차려드리고 더위에 풍롯불을 쓰고 땀 범벅이 되어 세수를 했다. (516쪽)

인천문학답사 ❶
〈철도원 삼대〉와 인천 걷기

초판 1쇄 발행 / 2023년 5월 22일

기　획 / 이설야, 김경은
지은이 / 김경은, 남지현, 이설야, 장회숙, 조성면, 최원식
펴낸이 / 윤미경
펴낸곳 / 도서출판 다인아트
　　　　출판등록 1996년 3월 8일 제87호
　　　　인천광역시 중구 제물량로232번안길 13
　　　　tel. 032+431+0268 / fax. 032+431+0269
　　　　e-mail. dainartbook@naver.com
마케팅 / 이승희
디자인 / 장윤미

ISBN 978-89-6750-142-6(04810)
　　　 978-89-6750-141-9 (세트)

※ 이 책은 인천광역시와 (재)인천문화재단의 후원을 받아
　 2021년 예술표현활동지원사업으로 선정되어 발간되었습니다.
※ 잘못된 책은 바꾸어 드립니다.
※ 이 책의 일부 또는 전부를 재사용하려면 반드시 저작권자와
　 출판사 양측의 동의를 받아야 합니다.